좌파하라

좌파하라

박노자, 처음으로 말 걸다

초판 발행 2012년 4월 12일
초판 2쇄 2012년 10월 15일
지은이 박노자+지승호
펴낸이 강경미
기획편집 박옥균
펴낸곳 꾸리에북스
디자인 최지유(jiyoobook@naver.com)
출판 등록 2008년 08월 1일 제 313-2008-000125호
주소 (우)121-837 서울 마포구 서교동 358-152번지 3층
전화 02)336-5032
팩스 02)336-5034
전자우편 courrierbook@naver.com

값 14,000원

ISBN 978-89-94682-06-8 03300

*파본이나 잘못된 책은 서점에서 교환하여 드립니다.

좌파하라

박노자, 처음으로 말 걸다

박노자＋지승호

꾸리에

외로운, 그러나 단호한 우리시대의 정언명령 :
"좌파하라!"

1.

귀국한 지 올해로 꼭 10년을 넘기고 있지만 나는 내가 한국사회의 이
방인이 아닌가라고 지금도 가끔은 느낄 때가 있다. 이는 강산이 두 번이
나 바뀌는 동안 30대와 40대를 온통 쎄느강에서 흘려보낸 내 인생이 피
할 수 없이 껴안고 가야 할 불편함 같은 것이라 생각할 수도 있지만, 그
것이 비단 나의 이런 자의식 안에서 일어나는 정서적 반응이 아니라 나
를 바라보는 다른 사회구성원들의 시선이기도 하다는 걸 느낄 때면 마
음이 좀 더 복잡해지지 않을 수 없다.

한국사회는 이곳에서 태어나 줄곧 자라온 사람들이 느끼는 것 이상
으로 배타성이 지배하는 사회이다. 이 배타성의 근간에는 무엇보다 한
국인 특유의 혈통주의가 작용하고 있을 터이지만, 특이한 것은 그럼에
도 미국이나 미국식의 자본주의체제를 향해서는 한없이 열려 있지만 다
른 사회(국가)나 다른 가치를 향해서는 고집스럽게 적대적으로 닫혀 있
다는 점일 것이다.

20년이 넘게 내가 '정치적 망명객'으로 머물러 있던 프랑스 사회에

대해 한국인 일반이 가지고 있는 인식은 대개 우호적인 것이지만 그것도 실상은 그 사회의 지극히 부분적인 일면에 한정되어 있다. 그래서 이를테면 내가 그 사회가 누리는 이념의 자유나 파업의 자유 등을 이야기한다든지 국제주의나 인류애, 사회적 연대와 복지제도에 대해 이야기하면 한편으론 부러워하면서도 그 반응의 이면에 의심스런 눈빛이 어른거리는 것을 느끼곤 한다. 반응의 양상은 다르지만, 이른바 '진보적' 입장을 지녔다는 사람들의 경우에도 크게 다르진 않다. 자신이 확인하고자 하는 '상식'에서 나아가 혹시라도 자신을 불편하게 만드는 이야기가 건네지면 금세 반응이 빨라지며 짜증 같은 것들이 묻어난다.

내가 한국사회와 적극적으로 대화를 시도하려 했던 것은 1995년 《나는 빠리의 택시운전사》라는 첫 책이 한국에서 출간되고 그 이듬해부터 한겨레신문에 '내가 본 프랑스, 프랑스인'이라는 제목의 연재를 시작하면서부터였다. 그렇게 소통의 끈을 조금씩 연결해 가던 나는 그 뒤 몇 년이 지나면서 국내 지면에서 박노자라는 낯선 이름을 발견했다. 처음에는 널리 알려진 노동 시인의 이름을 오기(誤記)한 것이 아닌가 싶었다. 그가 티코노프 블라디미르라는 이름의 러시아 출신 지식인이라는 것을 알게 되면서부터 나는 그의 글을 호기심 어린 시선으로 빠짐없이 추적하기 시작했다.

상트페테르부르크대학 극동사학과를 졸업한 그가 애초 계획했던 김일성종합대학이 있는 평양이 아니라 서울로 향하게 된 것이 한·소 수교와 북·소 관계의 악화라는 한반도의 지정학적인 변화 때문이고, 그 인연으로 모스크바대학에서 박사학위를 한 뒤 다시 한국으로 건너오게 되었다는 점에서 그는 '대륙으로부터 건너온' 예기치 않은 선물이라 할 수 있다. 또한 그는 하나의 거울만을 지닌 한국사회에 전혀 다른 성격의 거울을 지니고 나타난 낯선 타자였다. '사회주의' 소련(그에 따르면 사회주의라기보다 국가자본주의에 가까웠던)에서 태어나 '자본주의' 러시아에서 성장한 이 20대의 젊은 사학자의 눈에 비친 한국사회의 모습은 어떤 것이었을까?

이 초대받지 않은 손님은 무엇보다 먼저 자신의 거울을 통해 한국인의 의식 깊숙이 들씌워진 '하얀 가면'을 여지없이 드러내 보여주었다. 한국 역사교육의 틀을 규정하는 것은 민족주의처럼 보이지만, 자세히 들여다보면 그 실체를 구성하는 것은 서구 중심주의다. 그는 한국 지식인 사회에서 통용되던 근대와 전근대를 나누는 이분법을 해체해 버린다. 무자비하고 폭력적인 서구적 근대 자본주의 국가가 민중들에게 그 우월성을 강요하기 위해 근대라는 포장으로 세뇌시킨 것이 바로 이분법이라는 것이다.

미국인 이상으로 미국화되어 있는 한국 사회구성원들의 의식. 중심부 따라잡기에 급급하면서 다른 한편으론 약한 주변부에 대해서 가혹해지는 '아류 제국주의'의 흉악한 몰골로 변해가는 우리의 모습은 그 의식의 귀결이다. '본토인'보다 더 완벽한 하얀 가면을 쓰고 '선진적인 그들' 이상으로 '선진적인 척' 흉내 내려는 것이 남쪽 사회의 초상이라면, 반도의 다른 한쪽은 이 서구 중심주의의 거울을 거꾸로 뒤집고 그것과 적대하는 군사적 총동원체제로 나아간다. 중심부가 강요한 이 두 가지 주술로부터 벗어날 때만이 지금까지와는 다른 사회를 만들어가는 것이 가능하다는 것, 이것이 동방으로부터 건너온 이 지식인의 인식의 출발점이었다.

2.

반도의 남쪽 거주민이 쉽게 버리지 못하는 '종족적 폐쇄성'을 아프게 찌르는 박노자의 글을 처음부터 몹시 불편한 가시로 생각해온 극우보수는 말할 것도 없고, 그에게서 이미 알고 있는 정치적 '상식' 이상을 듣고 싶어 하지 않는 설익은 한국의 이른바 진보는 그가 언제까지나 '타자'라는 괄호 안에 갇혀 있기를 바랄 것이다. 그러나 초대받지 않은 손님 티코노프 블라디미르라는 이 이방인은 지칠 줄도 모르고 박노자라는 이름으로 나타나 우리들이 겹겹이 뒤집어쓰고 있는 허위의식을 벗겨 내고 부끄러운 속살을 드러내는 일을 주저하지 않는다.

비록 군사독재체제가 퇴각했다고는 하나 여전히 반공규율사회의 억압기제들이 위력을 발휘하고 있을 때 한국사회를 향한 그의 비판적 글쓰기는 한국의 자유주의적 지식인들과 기꺼이 연대할 수 있었다. 그와 이들과의 이러한 연대가 결별을 고하는 변곡점은 노무현 정권이 아무런 주저도 없이 '부시의 전쟁'인 이라크 파병을 감행하고, 신자유주의 세계화로 한국사회의 문을 활짝 여는 한미FTA 협상을 시작하고, 무엇보다 기업지배국가가 완성되어 가면서 노동자들의 삶이 더는 물러설 수 없는 벼랑 끝으로 내몰려가는 과정에서다.

박노자의 한국 자본주의에 대한 날 선 비판이 본격적으로 시작되자 진보를 자처해온 리버럴들은 그때부터 그에게 '좌파근본주의자'라는 딱지를 붙였다. 북한 권력의 억압성에 대해 침묵하는 이른바 민족주의 좌파들은 그를 한반도의 특수성을 이해하지 못하는 이방인이자 얼치기 국제사회주의자에 불과한 존재로 치부했다. 국적이란 단지 형식일 뿐이라 믿는 '세계시민'이었지만 내부인으로 한국사회와 대화하고자 박노자라는 이름의 한국인이 되었던 그는 다시 티코노프 블라디미르라는 이름의 러시아 지식인으로 치부되고 있는 것이다. 그러나 이미 한국사회의 비판적 언어의 속살을 형성하고 있는 그의 입을 누가 틀어막을 수 있을까?

가끔 어떤 자칭 '좌파'들이 박노자의 왕성한 글쓰기의 효험이 다한 것인 양 말하는 것을 들을 때가 있는데, 이들은 필시 꽤 오래전에 자신들의 얄팍한 독서마저 포기함과 동시에 '박노자 읽기'를 단념한 사람들일 것이다. 하지만 어쩌랴. 내가 보기에 박노자는 지금부터가 시작인 것을. 진보를 참칭해온 리버럴들에 대한 비판은 물론이고, 비정규직을 배제해온 한국의 이상한 대기업 노동조합과 줄곧 두 손 맞잡아온 좌파정치의 불편한 진실을 겨냥하는 그의 최근 글들은 전면적인 자본주의 위기의 시대를 맞아 더욱 박진감 넘치는 설득력을 얻고 있다.

《좌파하라》라는, 한국어로는 약간은 어색한 제목을 단 박노자의 이번 책은 언설로는 모두 진보를 말하는 '좌클릭'을 행하면서도 정작 몸은 리버럴들의 품에 안기는 '우클릭'의 시대를 가로지르며 '좌파, 좀 제대로 하라'는 경고로 내게는 들린다. 이번에 나는 그에게 내가 몸담고 있는 정당의 비례대표 후보로 나서 줄 것을 권했고, 그는 조금의 주저도 없이 삶의 벼랑 끝으로 내몰리는 노동자들을 위해 조금치의 도움이라도 되기를 바란다며 나서주었다. 어떤 이가 내게 이렇게 물어왔다. "혹시 박노자의 상품성 때문이냐?"고. 이 기회를 빌어 발하자면 천만의 말씀이다. 아무도 안 나서기 때문에 그가 나선 것이다. 노르웨이로부터 먼 여행에 동행한 아들 유리의 손을 잡고 생존의 최전선인 부산 영도조선소를 데려가는 그의 언설과 실천 사이의 거리를 메우지 못하는 우리들에게, 이 책이 그 거리를 메워주는데 기여해주기를 바랄 뿐이다.

끝으로, 《좌파하라》라는 말은 오직 박노자만이 쓸 수 있는 제목이라며 작명해주신 경희대학교 이택광 선생께 박노자 선생을 대신해 우정과 연대의 인사를 보낸다.

홍세화_ 진보신당 대표

차례

04 인간의 얼굴을 한 자본주의는 없다

05 혁명을 끔꾸지 않는 좌파는 없다

01

엉터리 진보가 아닌
진짜 좌파가 필요하다

진중권과 나꼼수는 콜라다

한국에 처음 오셨을 때 노동운동계나 진보진영의 권위주의에 대해서 혐오감이 있지 않느냐고 지적하는 분들이 있었습니다. 한국적인 상황에 대해 지나치게 가혹한 비판을 하는 것 아니냐 면서요. 지금은 좀 달라졌다고 보십니까?

우리 사회는 시민혁명을 완전한 형태로 겪지 못했습니다. 87년에 비슷한 것이 일어났지만 이것도 완전히 승리를 거둔 것이 아니고 군정이 연장되었다가 아주 천천히 보수적인 민간 정치로 바뀐 것 아닙니까? 6월 항쟁은 반쪽의 성공이었고, 미완의 혁명이었습니다. 성공한 시민혁명도 우리한테 없었고, 계급혁명은 6·25전쟁 후에 진압을 당했고, 문화혁명 역시 없었습니다. 권위주의적인 문화를 척결할만한 유럽의 1968년 운동과 같은 계기가 우리한테는 없었던 거죠. 그건 한국사회의 모든 부분에 해당되거든요. 꼭 진보운동뿐만 아니고, 어느 운동이나 마찬가지입니다. 진보운동도 정치적인 문제, 그러니까 시민혁명의 불완전성, 계급혁명의 부재, 문화혁명의 부재, 그런 것으로부터 자유로울 수 없는 겁니다.

1991년에 처음 한국에 왔을 때 운동권 서클들을 경험하게 되었는데, 한국의 일반 사회와 다르지 않았습니다. 일단은 연령질서가 잘 확립되어 있었고, 선배들이 후배들에게 체벌까지 가할 수 있는 엄청난 권한을 가지고 있었고, 여성은 운동판 안에서 보조 역할을 했을 뿐이었습니다. 음식을 만들어주고, 심부름해주고, 말하자면 남성의 요구에 순응하는 착한 여동생 역할에 머무르고 있었죠. 전반적으로 폭력적이었죠. 운동권 서클뿐만 아니고, 어딜 가든 똑같았습니다.

혁명적인 계기가 없다고 하더라도 이와 같은 군사주의 문화, 연령주의 문화, 남성 우월주의 문화, 이 세 가지는 1990년대와 2000년대에 많이 누그러진 것이 사실입니다. 이 역시 운동권뿐만 아니고 전체적으로 그렇습니다. 대학교육이 일반화되었기 때문에 대졸들의 선민의식이 없어졌습니다. 그다음에 대학에서 여학생이 남학생을 압도하고, 사회 전체적으로 여성의 진출이 여러 부분에서 두드러지고, 여성운동, 페미니즘이 나름대로 투쟁을 해서 일종의 담론적인 승리들을 여러 가지 쟁취한 상황에서는 운동판이든 여타 사회든 80년대 말이나 90년대 초반 같은 남성 우월주의가 불가능해진 것도 있고요.

신자유주의 질서하에서는 기본적으로 돈이 전부입니다. 소득을 올릴 능력이 다인데요. 오히려 그런 사회에서는 40대 후반 이상이 괴롭거든요. 명예퇴직 맞을 준비해야 하고, 오히려 벌이 능력이 좋은 젊은 사람이 강자로 나타나는 경우가 있습니다. 신자유주의는 연령질서를 아주 혼란스럽게 만들었죠. 이런 부분에다, 사회가 나름대로 진보한 측면이 있고요. 진보계 자체도 많이 바뀌었습니다. 진보계가 여타의 사회보다 권위적이었던 것이 아니고, 덜 권위적이었는데 사회 전체의 수준이 문제였던 거죠.

'전향 권하는 사회'라는 칼럼을 통해 진중권 씨를 비판한 바 있습니다. 여러 글에서 진중권 씨의 자유주의적 행보에 대한 우려를 나타냈는데요.

제가 그분의 모든 글을 다 읽지는 못해서 많은 것들을 모르고 있겠지만, 제 기억이 맞는다면 그분의 출발점은 좌파적이었던 것 같아요. 본인이 사회주의자라고 자칭하기도 했고요. 그런데 그분 같은 경우에는 부르주아 매체하고 오랫동안 관계하셨던 거죠. 라디오 프로그램도 진행하셨고, 주류 매체와의 관계가 꽤 오랫동안 지속되었던 것으로 알고 있는데요. 이명박 정권으로부터 탄압을 받아가면서 같은 시기에 비슷한 탄압을 받는 자유주의자들과 약간 가까워지신 게 아닌가 생각됩니다. 한때 진보신당에 계셨지만 그렇다고 해서 노동운동이라든가 계급 좌파 운동과 유기적이고 깊은 관계를 갖고 있지는 않은 것 같습니다. 그것은 일시적으로 많은 젊은이들,

진중권 씨처럼 계급을 빼고 소통하면 젊은이들에게 호감을 받을 수는 있죠

아직 계급적인 사고에 익숙하지 않은 젊은이들에게 호감을 받기에는 도움이 될 수도 있습니다. 실제로 계급이라는 단어를 꺼내면 한국의 젊은이들 중 상당 부분이 아직은 당황하죠. 학교에서는 안 배웠으니까. 우리는 학교에서 배운 것과 학원에서 배운 것 말고는 잘 모르잖아요. 진중권 씨처럼 계급을 빼고 소통하면 많은 젊은이들에게 호감을 받을 수는 있죠.

그런데 문제는 무엇인가 하면, 자유주의는 한국에서 유효기간이 거의 다 끝날 것 같다는 거죠. 앞으로는 피지배 계급세력 대 지배계급의 세력, 노동자와 서민 대 지배계급의 전선이 결국 형성될 것 같습니다. 그런 의미에서 자유주의적 메시지가 장기적인 효율성이 있을지는 진중권 씨도 심각하게 고민해야 하지 않을까 싶습니다.

자유주의 얘기가 나왔으니 말인데, '나는 꼼수다'의 김어준 씨를 공격하면서 적들을 많이 만드셨어요.(웃음)

진중권 씨나 김어준 씨 둘 다 같은 시장, 같은 틈새를 공략하고 있습니다. 나꼼수가 훨씬 더 전문적으로 가는 것 같기도 합니다만. 억압적인 학교 제도에 질리고, 장기적 전망 부재에 피곤하고, 미래가 두렵고, 이명박 같은 사람이 역겹고, 보수 정치가 끔찍한, 그렇다고 이 사회를 과학적으로 분석하는 것을 어디에서도 익힐 수 없는 젊은이들한테 나꼼수나 진중권은 신선한 음료수 같은 존재죠. 콜라 같은 겁니다. 마시면 왠지 시원하잖아요. 나꼼수의 욕설 같은 것을 들으면 한국사회에서 쌓일 수밖에 없는 모든 원한이 풀리는 것 같은 카타르시스 효과가 있는 거죠.

문제는 뭐냐 하면 그것도 일시적인 것이라는 겁니다. 한국사회를 진짜 바꾸자면 과학적인 분석과 동시에 출발점이 계급이 되어야 하거든요. 이명박만 가지고 문제를 만들면 한국사회의 기본 문제를 은폐시키는 차원도 있을뿐더러 욕설만 가지고는 한국사회를 바꿀 수 없죠. 한국사회의 문제는 이명박만이 아니잖아요. 이명박은 끝났잖아요. 이명박은 끝나도 이건희는 끝나지 않죠. 이재용도 끝나지 않고. 이명박을 가지고 왈가왈부하는 것은 의미가 없어요. 이명박은 교체가 되거든요. '다음 이명박'이 어차피 들어올 건데 이것도 큰 문제는 아니잖아요. 문제는 더 깊은 곳에 있는 거죠. 최고 통치자가 누군지가 중요한 것은 아니라는 말이죠.

> 대통령이 할 수 있는 것이 워낙 많다 보니까 상대적으로 조금 더 좋은 대통령이 당선된다면 나은 삶을 살 수 있지 않을까요, 그런 면에서 대통령이 중요한 의미를 갖지 않을까요?

한번 보시죠. 민주화되고 나서 네 명의 대통령을 경험했잖아요? 김영삼, 김대중, 노무현, 이명박인데, 그중에는 강경 극우 이명박이 있었고, 자유주의적 색깔이 약간 있는 극우 김영삼이 있었고, 고전적인 리버럴 김대중이 있었고, 약간 사민주의적인 요소가 보이는 듯한 리버럴인 노

나꼼수나 진중권은
콜라 같은 겁니다
마시면 왠지
시원하잖아요

무현도 있었어요. 아주 다양하죠?(웃음)

그런데 이들 대통령 중 한 사람이라도 국민의 편에 선 사람이 있습니까? 결과는 똑같습니다. 서로 차이가 있어도 어떻게 보면 기본적인 노선은 아주 일관돼 있어요.

김영삼 때는 세계화나 국제화 같은 단어들이 생겼고, 그다음에는 금융에 대한 규제가 풀렸고, OECD 가입하면서 2차 금융시장이 자유화됐고, 그것이 하나의 도화선이 되어 IMF사태가 온 것이고, 비정규직을 양산하는 날치기 노동법을 통과하려고 시도했다가 된서리를 맞았습니다.

그다음에 김대중이 김영삼 뒤를 이어가면서 똑같은 노선으로 간 것이죠. 금융부문을 완전히 국제 경쟁에 노출시키면서 외국 기업들이 거의 다 인수하게 했고, 비정규직 양산과 신자유주의적인 종합적 질서를 잡아 놓고, 그 과정에서 구매력이 떨어지니까 떨어지는 구매력을 보충하기 위해서 카드를 남발하게 해서 신용불량자 300만 명을 만들었습니다.

대통령에게 기대를 한다는 것은 민중한테 제일 해로운 겁니다

그 뒤를 노무현이 이어받아서 비정규직 수는 늘어나기만 했고, 신용불량자 문제는 제대로 해결이 안 됐고, 금융부문은 여전히 외국 자본한테 종속되어 있는 상태로 남아 있었고, 거기에다가 대외 개방 수위를 높이겠다고 FTA 하자는 아이디어를 만들었고요.

이명박은 그것을 이어받아서 FTA를 거의 완수시켰고, 비정규직 문제라든가, 신용불량자 문제, 지금 일어나는 가계빚 문제 등 총체적으로 더욱더 악화시켰죠.

네 명의 대통령은 서로 지점이 달라도 사실 민중에 대한 정책은 굉장히 일관되어 있습니다. 대통령에 대해 기대를 갖고 있다는 것은 민중한테 제일 해로운 겁니다. 부르주아 정객 중에서는 어느 누가 대통령이 되어도 달라질 것이 아무것도 없습니다. 대북정책이 약간 달라질 수 있는데, 다행히 대북정책이 완화되면 아주 좋지만, 그건 한국사회의 기본 모순과는 무관한 거죠.

문재인 씨가 할 수 없는 것

기대가 실망이 될 가능성이 높다고 생각하시는 건가요?

매우 높다는 것이 아니고, 100퍼센트죠.(웃음) 문재인 씨라든지, 이런 분이 대통령 된다고 가상해보세요. 무엇이 바뀌겠습니까? 무상교육을 하겠다고 하면 법인세 세율을 적어도 일본 수준으로 올려야 합니다. 35~40퍼센트 정도는 올려야 할 텐데, 그렇다면 삼성, 현대 등등의 대재벌들과 전면 갈등을 해야 됩니다. 대폭적으로 이윤을 삭감해야 하잖아요. 지금은 재벌의 이윤이 자꾸 불어나는데도, 세금을 안 내고 이윤을 계속해서 높여가고 있습니다. 그런데 이

> 문재인 씨가 FTA 취소할 것 같습니까 유시민이 대통령 된다고 해도 똑같습니다

윤을 대폭적으로 삭감하고 대주주들이 받는 배당금 역시 대폭 삭감해야

할 텐데, 그걸 문재인 씨가 할 수 있을 것 같습니까? 어림도 없는 소리입니다. FTA 취소시키려면 현대자동차나 삼성전자가 기대하는 관세인하 효과 같은 것을 무시해야 하고, 모든 보수 언론의 초강경 반발을 무시해야 할 텐데, 문재인 씨가 그렇게 할 것 같습니까? 유시민 씨가 대통령이 된다고 해도 달라질게 하나도 없습니다. 이미 한 번 장관 한 적도 있는데, 뭐가 달라졌습니까?

노무현 때는 대북정책이 그나마 방향을 잡았지만 국가보안법 무효화 하나 제대로 못 하지 않았습니까? 이명박 정부에 와서 대북관계가 파탄을 맞고 국가보안법으로 끌려가는 사람도 늘어나고 있습니다. 그런 부분에 있어 약간의 상식이 있는 사람이 대통령이 되면, 국가보안법을 적당히 무력화시키거나 대북관계를 적당히 회복시킬 수는 있겠죠. 하지만 북조선의 입장에서는 이명박 정권 때 실망을 많이 해서 더 이상 남한을 믿기가 어려울 것 같습니다.(웃음) 노력을 해서 정상화해볼 수가 있는데, 그렇게 된다고 해도 그다음이 뭡니까? 기본적인 변화는 없을 것입니다.

노무현 때 원칙과 상식이 있었다고 하지만, 저지른 범죄들이 너무너무 많았어요. 대다수 국민이 반대했음에도 이라크 파병이라는 범죄가 저질러졌는데, 비상식적이었죠. 국민 여론을 무시했고, 정권의 대미 관계 관리 차원에서 한 일이었습니다. 또 쌍용자동차 매각 문제 보세요. 노무현 밑에 있는 관료들이 엉터리로 처리했어요. 그 결과 노동자들을 비극으로 내몰았죠. 원칙과 상식이 통했다고 보기가 어렵습니다. 파병이야 지금도 열심히 하죠. 이명박도 아프간 파병을 했고요. 문제는 나중에 문재인 씨가 대통령이 되더라도 똑같을 거란 겁니다. 문재인 씨 책을 읽었는데, 노무현의 파병이라는 범죄에 대해 하등의 죄책감도 없는 것 같았습니다. 불가피했다고 생각하고, 변명밖에는 아무것도 없어요. 범죄라는 사실을 인정하지도 않고요.

어떻게 보면 기만이 정권의 주된 무기였죠. 떠오르는 기억 중에 하나를 보자면 노무현이 한국이 동북아시아의 균형추가 되겠다고 했는데요. 친미정책을 취하고, 이라크 파병을 하고, 한미FTA도 추진하고 그러면서 무슨 균형추가 되겠습니까? 그러니까 궤변, 즉 데마고기(demagogy, 거짓선동)인데, 어찌 됐든 민족주의적인 성향의 사람들에게 잘 먹혔습니다. 그다음 네덜란드 같은 북유럽 복지국가를 벤치마킹 하겠다고 했죠. 그러려면 학생들의 무상교육과 무상의료부터 해야 하는데, 그럴 생각이 없었고요. 네덜란드의 경험을 바탕으로 사민주의 방향으로 가겠다고 하는 것 역시 데마고기일 뿐이었습니다. 어쨌든 네덜란드 이야기라든가, 참여와 같은 단어들을 계속 반복적으로 이용하면서 사람들을 끌어들였던 것 같아요. 말, 말, 말, 말 잔치였죠. 그 말 속에서는 수많은 비극들이 이루어졌습니다.

> 문재인 씨
> 책을 읽었는데
> 변명밖에는
> 아무것도 없어요

미군기지 때문에 쫓겨난 대추리 농민들의 비극 같은 경우는 사실 노무현이 하든 누가 하든 국방부가 농민들을 다루는 방식은 똑같았습니다. 극도로 권위적이고, 대화다운 대화도 없었고, 매우 적은 보상을 받고 무조건 나가라는 식이었죠. 지금 강정마을에서 하는 것과 똑같습니다. 달라진 것이 없습니다. 그렇게 해서 농민들과의 갈등이 커졌고, 농민들은 치열한 투쟁을 전개했다가 패배할 수밖에 없었는데요. 그걸 보면서도 노무현 지지를 철회하지 않는 시민사회를 보면 포섭을 참 잘해놓았다는 생각이 듭니다.

상식 없는 사회, 안철수의 정직함

그렇다면 안철수 현상에 대해서는 어떻게 보십니까?

그러니까 이런 거죠. 우리가 세 번 정도 속았잖아요. 김대중 집권 말기를 생각하면, 김대중이란 말이 거의 욕설이 되어 버렸잖아요. 이명박 집권기에는 김대중이 향수의 대상이 됐지만, 김대중 정권 후기를 생각해 보면 거의 절망적이었죠. 노동계는 물론이거니와 일반 시민들도 신용불량 등등의 문제가 겹쳐져서 김대중에게 실망을 많이 했고요. 그다음에 노무현한테 속았어요. 이명박을 찍은 수많은 사람들이 바랐던 것은 서민경제 활성화라든가, 체감 경제의 호전이었는데, 지금 어떻습니까? 서민들은 죽을 판이죠. 명목상의 성장이 된다고 해도 자영업자들의 줄도산이 오히려 가속화되고 있고요. 소득 변천을 보면 가장 못사는 10퍼센트, 그다음 상대적으로 못사는 10퍼센트, 이분들 같은 경우에 실제로 그 동안 소득이 줄어들기만 했어요. 그러니까 체감 경제의 호전을 바라고 찍었는데, 그렇게 안됐잖아요. 결국, 두 명의 자유주의자들한테 속고,

극우주의자에게도 속고, 이렇게 세 번 속고 나서는 제도권 자체에 대한 환멸이 커진 겁니다.

안철수의 상당한 플러스 요인이 뭐냐 하면, 제도정치와 무관했다는 겁니다. 이런 사람한테는 여태까지 속아보지 않았다는 거죠.(웃음) 직업 정치인한테는 속아봤잖아요. 또 안철수에게는 한국 사람들이 아주 좋아하는 요소들이 있거든요. 일단은 지식인, 즉 교수입니다. 아직까지 한국인들에게는 코리안 드림이 교수가 되는 거거든요. 관료나 자본가들에 대한 불신이 크기 때문에 교수들이 사회적인 신망이나 명망이 높은 계층인데요. 그는 일단 자수성가해서 교수가 됐죠. 중요한 첨단 기술과 유관한 인물이죠. 그다음에는 장사도 성공적으로 했죠.(웃음) 우리는 대자본가들을 불신하지만, 한국인의 30퍼센트는 자영업자입니다. 그러니까 '동네' 사회에서 장사 수완이 좋은 정직한 장사꾼이 신망 얻기에는 좋습니다. 그런 여러 가지가 잘 겹쳐지는데다 안철수 같은 경우를 보면 약간의 상식 같은 것이 보이거든요. 누구한테도 반말하지 않는다든가 하는 식의. 저도 제 아이나 가족 말고는 반말 절대 하지 않거든요. 제가 보기에는 반말하지 않는 게 상식인데, 그런 상식이 없는 사회에서는 안철수 정도의 상식을 보유하면 희소가치가 높은 거죠.(웃음) 그런 게 잘 먹혀들어간다는 겁니다.

> 장사 수완이 좋은 정직한 장사꾼이 신망 얻기에는 좋습니다

리버럴의 꼼수, 세트 판매 전략

그럼에도 불구하고 다시 속을 가능성도 배제할 수는 없는 것 아닌가요?

웬만한 세탁기나 텔레비전보다 국내의 극우 정객은 훨씬 더 빨리 고장 나고 말죠. 이것은 단순히 '인격'만의 문제가 아니라 구조적인 문제이기 때문인데요. 극소수 수출 위주의 재벌들과 부동산 부자들, 관료 엘리트들의 이해관계에 정확하게 맞추어진 한국형 극우 정치는 기본적으로 변화를 거부합니다. 변화를 거부하는 만큼 민심 얻기는 궁극적으로 실패하고 말죠.

그러나 현 정국 주도 구조가 단명으로 끝난다 해도 과연 대한민국 피고용자들의 다수를 이루는 하급 노동자들까지 잘사는 세상이 올까요? 과연 그들의 진정한 이해관계를 표방하는 극소수의 진짜 진보세력들은 그 몫을 크게 확장시킬 수 있을까요? 우리의 노력 여하에 달려있겠지만, 극우들이 패배를 향해 달려간다고 해서 민중의 대변자들이 권력을 잡는 일이 자동적으로 가능해지지는 않습니다. 그 둘 사이에 한 가지 벽이 있는데, 이는 바로 '진보'를 사칭하고 있는 각종 리버럴들입니다. 그런데 '개혁' 사기로 정치적 자본을 축적한 사람들은 대개 머리가 비상하게 좋은 경우가 많습니다. 있지도 않은 물건, 즉 (자유주의적) '개혁'을 팔자면 정치적 상술 9단 정도는 돼야 하니까요. 저들은 이미 몇 가지 중요한 판매 전략들을 준비해놓고 있습니다.

첫 번째가 '섞어서 세트로 팔기' 전략입니다. 민중을 없는 살림에 살인적 학비 등을 내야 하는 비정규직으로 만들어냈던 노무현 정부에서 장관을 한 유시민 씨는, 더 이상 정치적 장터에서 낱개로 판매되지 않고 노회찬, 심상정 등 친민중적 경력이 있는 우파 사민주의자들과 한 세트로 팔립니다. 낱개 판매면 이미 신선도가 별로 좋지도 않은 이 물건을 살 분들은 그리 많지 않겠지만, 한진중공업 문제로 덕수궁 앞에 돗자리 깔고 사이좋게 단식까지 하신 두 분과 세트가 되어서 팔린다면? 글쎄, 어쩌면 이러한 세트 판매가 성공할는지도 모릅니다. 그렇게 해서 이미 유효기간이 지난 듯한 한 리버럴은, 다시 한 번 '경력 세탁'이 되고 '참신한 친서민 정치인'으로 돌아온 셈이죠.

두 번째는 '과거의 리콜 사태에 대한 기억 지우기' 전략입니다. 실제 2006년 이후 노무현 정권의 인기는 "놈현스럽다"와 같은 단어들이 등장할 정도로 바닥에 떨어졌습니다. 임기 말기의 노무현과 유시민 등 그 가신들은 '진보'가 아닌 한미FTA 등의 가장 얄팍한 신자유주의의 상징이었지요. 그러나 노무현의 자살 사태가 계기가 되어 그 부정적 기억들은 점차 노무현의 계승자들에 의해서 세탁되기 시작했습니다. 문재인 등의 저서에서 노무현은 거의 '이상적 인격자'로 그려지고, 그 정권 시절은 '실낙원'처럼 묘사됩니다. 이명박 정권의 '신악'의 추악함에 압도당한 수많은 독자들에게 노무현 당시의 '구악'에 대한 기억들은 또 지우기가 쉬우니까 이 판매전략은 상당한 성공을 거둘 위험성이 있습니다.

세 번째, '재포장과 새로운 광고 모델' 전략입니다. 물건은 그대로겠지만, 간판은 '참신한' 쪽으로 바꾸고, 그 간판 위주로 포장이 다시 디자인될 셈입니다. 이러한 전략의 대표적 사례는 이번 박원순 씨의 당선이죠. 포스코, 풀무원 등 사외이사 출신이며 코오롱 등 재벌의 후원을 따는 데에 수완이 비상한 '재벌가의 친구'이고, 부하들에게는 거의 '독재자'로 인식되는 스타일의 리더지만, 대다수의 중도적 유권자들에게는 '참신한 얼굴'이자 거의 '진보'로 다

> 정부나 재벌 등에서는
> 도둑으로 통하지만
> 아직까지는
> 시민사회에 대한
> 시선이 비교적 덜
> 싸늘하기 때문이죠

가왔잖아요. 그 이유는? 정부나 재벌, 교회, 정계 등에서는 그저 '도둑'으로 통하지만, 철저하게 냉소적인 사회에서는 아직까지 '시민사회'에 대한 시선이 비교적 덜 싸늘하기 때문이죠. 그람시의 말대로, 시민사회의 '권위'는 자본주의 체제를 지키는 가장 중요한 무형의 방어력 중 하나입니다. 앞으로는 박원순 씨와 비슷한 케이스들이 꽤 있을 것 같고, '개혁' 사기꾼 진영은 그렇게 해서 재정비될 듯합니다.

사기는 영원하지 못하지만, 이번에도 수많은 사람들은 박원순 부류의 '참신하고 깨끗한 리버럴'들에게 속아 넘어갈 게 뻔합니다. 그래도 한 사람이라도 덜 속게, 진짜 진보는 피나는 노력을 해서 이 사회의 계급적 현실에 대해 소리를 크게 내는 수밖에 없습니다.

> 대추리와 강정 해군기지를 비교하셨는데요. 노동운동하고 비슷한 상황인데, 이명박 정권의 탄압으로 인해 이런 부분에 대한 시민사회의 연대의 폭은 넓어진 것 같습니다. 이건 역설적으로 이명박 정권의 공로 같은데요.(웃음)

맞는 말씀이에요.(웃음) 사실은 자유주의적인 대통령은 진짜 진보계한테
는 재앙일 수 있는 거죠. 자유주의적 대통령은 시민사회를 기만할 능력
이 큽니다. 농민이라든가 하급 노동자들을 때려눕히면서도 시민사회의
고급, 중간급 활동가들을 자기 쪽으로 끌어들이는 능력이 탁월하죠. 그
런데 이명박 같은 돌대가리는(웃음) 무식한 탄압정책을
펼쳐서 노동자, 농민, 지식인, 시민사회 활동가들을 연
결시키는 역할을 합니다. 저는 대통령이 누가 되는가
는 하등의 관심이 없습니다. 누가 되든 간에 우리의
과제는 하나밖에 없는 거죠. 민중들을 조직하고, 반신
자유주의적인 정서를 만들고, 대중들한테 자본주의와
신자유주의의 실체를 이야기하고, 자본주의와 신자유
주의에 대한 반대여론을 확산시키고, 그다음에는 그것에 대한 투쟁을
전개하는 겁니다.

> 농민이나
> 하급 노동자들을
> 때려눕히면서도
> 시민사회의
> 활동가들을
> 자기 쪽으로
> 끌어들이는
> 능력이 탁월하죠.

롤러코스터 정객들

10여 년 전 민주노동당과 사회당을 두고 '한국에 진보정당이 둘
인 것은 사치다'라고 하셨는데, 지금은 '진보'라는 무늬가 여러
가지 형태를 띠고 나타나고 있습니다.

사실 어떻게 보면 비극적인 상황이죠. 사회당과 진보신당이 합친 것은 매우 뜻 깊고 기쁜 일이지만, 문제는 노동운동의 일부 지도자들이 통합진보당으로 간 것입니다. 민주노동당하고 끊겼다가 다시 합쳐진 건데, 결국에는 민주노동당뿐만 아니고 - 자유주의자, 사실은 자유주의자도 아니고 - 신자유주의자인 유시민 씨하고도 합쳐져서 자신들의 계급적인 정체성을 흐리게 만든 거죠. 아주 아주 비극적인 상황입니다. 그분들이 오판을 하신 것이 아닌가 하는 생각이 듭니다. 구성되는 요소들이 서로 충돌할 수 있는 여지가 많고, 친화성이 모자랄 수밖에 없고요. 급조된 상태라서 제가 보기에는 통합진보당은 오래가지 못할 것 같다는 느낌이 듭니다.

진보적인 정치인들과 자유주의자들이 통합하고, 시민단체와 보수정당이 통합하고 있는데요. 지지율이 롤러코스터처럼 들쭉날쭉합니다.

그때그때 지지율만 가지고 얘기할 수는 없고요. 당의 기반이 무엇이고 정체성이 무엇이고 앞으로 나갈 전략이 무엇이고, 이런 게 기본적인 요소 아니겠습니까? 기반부터가 문제죠. 유시민 씨 같은 경우에는 기반이라는 게 일부 고임금 전문가, 안정적으로 고용된 고학력자들이라든가, 말하자면 화이트칼라 중에 고학력, 고임금자들인데요. 이 사람들은 민주노동당의 반미 민족주의라든가, 노회찬 씨의 노동운동

노동운동가들 입장에서는 유시민이 이명박보다 훨씬 더 위험합니다

에 친화적이지 못합니다. 그런 사람들을 지지하기 어렵죠. 노회찬, 심상정 씨의 지지기반이 노동운동가들인데, 노동운동가들 입장에서는 유시민은 이명박보다 훨씬 더 위험하다고 볼 수도 있습니다. 사실 우리가 반대해서 싸우는 거의 모든 악법들, 예컨대 FTA협약이라든가 이런 것들은 노무현 정부 때 처음 만들어진 것 아닙니까? 이렇게 대립적인 몇 가지 기반들이 서로 충돌할 가능성이 대단히 큰 거고요.

그다음 정체성이라는 것이 없습니다. 공통분모라고 그들이 내세우는 것이 복지국가인데, 한국 같은 경우 복지국가를 만들려면 엄청난 투쟁이 필요합니다. 그 가열찬 투쟁은 자유주의적 방법으로는 진행될 수가 없습니다. 그런 투쟁으로 여태까지 얻은 게 거의 없잖아요. 반값등록금이 '공약' 밖에 안 되는 상황에서 복지국가를 건설하겠다고 나서는 것은 데마고기에 가깝죠. 전략이라는 것이 지나치게 의회주의로 치우쳐 있고, 복지국가 건설을 지향하자면 장외투쟁이 중심이 되어야 되는데, 한국적인 조건에서는 쉽게 달성될 수 있는 것이 절대 아닙니다. 그러니까 제가 보기에는 이렇게 급조된 정당은 금방 부서질 수 있지 않을까, 장기성이

집권을 위해서라면 세인의 상상으로는 이해하기 어려운 곡예를 다 합니다

없지 않을까 생각합니다. 서로 유기적인 결합이 안 되어 있는 거죠.

어쨌든 이번 사건을 통해 한 가지는 분명해졌습니다. 정치판에서 분주히 움직이는 수많은 행위자 중에서 다수는 정객이지 정치인은 아니라는 점입니다. 정객의 목적은 당장 눈앞에 있는 권력 나누어 먹기입니다. 절대적인 목적이 집권이기에, 집권을 위해서라면 세인의 상상으로서는 이해하기 어려운 곡예를 다 합니다. 예컨대 1990년 1월 22일의 3당 합

당 이후로, 김영삼이라는 정치 행위자는 정치인이라기보다는 정객이란 사실이 만천하에 밝혀졌습니다. 아무리 보수적인 자유주의자라 해도, 자유주의 그 자체를 제대로 인식하지도 못하는, 자유주의를 탄압했으면 했지 자유주의를 위해 싸운 적이 없는 민정당과의 합당은 '정치인'이라면 할 수 있는 게 아니었습니다. 결국 정객 김영삼이 집권에는 성공했지만, 사회적으로 봤을 때 그 결과는 무엇이었습니까? 1995년 이후 '세계화, 국제화'의 강경추진은 오늘날 '미친 영어' 현상, 즉 영어 구사력이 계급을 나누는 구분선이 되는 현상을 낳은 것이고, 전혀 준비도 없고 생각도 없는 금융규제완화는 결국 IMF사태를 가능하게 만든 기폭제가 되었습니다. 1995~1997년, 북조선 인민들이 굶어 죽고 북조선이 역사상 제일 어려운 시기를 거쳐 갔을 때에 김영삼 씨는 북조선 기근에 대한 그 어떤 제대로 된 구호정책도 펼치지 않았으며 국내 통일운동의 탄압에 혈안이 됐을 뿐입니다. 이게 간접적 대량 학살이 아니고 무엇입니까? 하여간, 정객이 집권하면 사회에 좋을 게 별로 없습니다. 이에 비해서 김대중 씨는 – 김종필과의 동상이몽적 동거는 바로 정객으로서의 일부의 면모도 보여주지만 – 적어도 자유주의 원리에 나름 충실한 차원에서는 참 정치인으로서의 면모도 가졌습니다. 그의 집권은 적어도 대북 화해정책이나 사형집행 정지와 같은 유산이라도 남겼는데, 그러한 차원에서는 그는 한국 정치판의 여타의 정객들과 그나마 약간 구분됩니다.

정객은 지금 당장의 집권을 위해 그 외의 모든 것들을 다 버리지만, 정치인은 오늘보다 내일, 모레 그리고 아주 먼 미래까지 볼 줄 아는 사람입니다. 일정한 상황이 조성되면 러시아처럼 공업노동자들이 전체 인구의 2퍼센트도 안 되는 한심한 후진국에서도 노동자 주도의 혁명이 일어날 수 있다는 것을 예측하고 의회정치 등을 비록 이용하되 전혀 절대시하지 않았던 레닌 같은 사람이야말로 '정치인'의 표본입니다. 그는 오늘날의 '세'보다 내일의 '가능성'을 훨씬 더 중요시할 줄 아는 사람이었습니다.

중도에 패배당해 집권에 실패한 '정객'들을 역사학자가 아닌 일반인들은 기억할 필요도 없고 기억하지도 않지만, 실패한 참 정치인의 경우에는 존경스럽게 기억하죠. 참 정치인은 좌절돼도 그의 비전은 후세에 유산으로 남기 때문입니다. 조봉암은 형장의 이슬로 사라져도, 그가 처음으로 꾸었던 복지국가 건설의 꿈은 지금 거의 전 국민적인 이념이 되어가는 셈이죠. 혁명가도 정치인이라는 의미에서, 신채호의 경우도 마찬가지예요. 수많은 독립운동가들 중에서 우리가 유독 신채호를 뚜렷하게 기억하는 이유가 과연 무엇일까요? 단순히 '일제 구축과 민족 국가 수립'이 아닌 세계 모든 피억압자들의 해방과 무정부 공산주의 사회 건설을 지향했으며 그 꿈을 《용과 용의 대격전》 같은 책에다 담았기 때문입니다. 세계혁명이야 그때나 지금이나 '꿈'의 차원에 속하지만, 그 꿈은 수많은 사람들에게 원동력이 되었고 좌절당하고 옥사한 신채호는 그래서 더욱 뚜렷하게 기억됩니다. 참 정치인은 패배도 승리일 수 있습니다.

이와 같은 입장에서 본다면, 노회찬, 심상정, 조승수 등이 유시민 부류의 부르주아 정객들과 합당한 것은 과연 '정치인'이 할 일이었을까요? 아마도 '국회 진출 가능성' 등 여러 확률들을 정확하게 계산해서 이루어진 일종의 '타산적 동거'였겠지만, 이 정치공학적 계산들이 내일은 유효해도 모레부터 무효일 수도 있다는 것을 그분들께서는 아셨어야 합니다. 그들이 '사랑 없는 동거'(?)의 명분으로 '복지국가건설론'이라는 강령을 내걸었지만, 이것은 지금 세계 자본주의 역사의 흐름을 전혀 파악하지 못한, 너무나 기계적인 정치적 행위입니다.

얼음 물대포까지 동원해서 극소수 재벌을 위한 한미FTA 강행을 끝내 철회하지 않는 정권의 만행만 봐도 국내 지배자들이 복지국가 건설을 '그냥' 허용하지는 않을 것이란 사실은 쉽게 깨달을 수 있지 않습니까? 최소한의 양보를 따내기 위해서라도 체제 전체를 뒤엎을 각오를 전제로 하는 투쟁이 필요할 텐데, 유시민 류의 정객들과의 '사랑 없는 포옹'을 하면서 그러한 투쟁을 과연 할 수 있을까 싶습니다. 참 아쉬운 노릇입니다.

> 한 번 국회행을 할 수 있을지는 모르겠지만 한 계급의 지도자가 되기는 어렵습니다

오늘날 같은 상황에서 민중의 편에 서는 참 정치인이라면, '자본주의 극복'이라는 미래의 투쟁지향까지 잘 파악해서 조직건설 등을 할 줄 알아야 합니다. 전 세계적으로 신자유주의가 파산을 맞는 상황에서 '자본주의 극복'의 전망도 뚜렷하게 보여주지 않는데다가 신자유주의 성향의 부르주아 정객들과 연대를 한다는 것은 치명적인 패착이 아닐 수 없습니다. 물론 그렇게 해서 한 번 국회행을 할 수 있을지는 모르겠지만, 한 계급의 지도자가 되기는 어렵습니다. 아, 국내 보수 정계는 물론 진보 정계에서마저도 정객이 아닌 정치인들이 왜 이렇게 드문지요.

노동자 정치와 멀어지는 명망가 정치

결국 명망 있는 몇몇 분들의 행보가 진보에 큰 혼란을 일으켰는데요. 진보 내부에서도 명망가 정치의 한계에 대해서 이야기가 나오고 있습니다.

그게 한국 노동운동과 한국 진보운동의 미숙성이 아닌가 싶습니다. 90년대에 보스 정치를 엄청 비판했잖아요. 90년대 중반에는 '3김 정치'라는 말도 있었죠. 원칙이라든가 이념보다 일종의 이해관계에 따라 나눠 먹기 하는 보스 정치에 대해 중산층 안에서도 비판적이었지 않았습니까? 3김 청산이 시대적 과제라는 말을 90년대 중반에는 흔히 들을 수가 있었는데요. 문제는 뭐냐 하면 한국 정치의 전반적인 발전 수준하고 노동 정치의 발전 수준이 그렇게 다르지 않다는 거죠. 아쉽게도 노동 정치에도 명망가 중심의 정치라는 경향이 있었던 것이죠. 말하자면 대중, 계급적인 기반보다 이걸 더 우선시했고요. 한국은 미디어 정치가 강하다 보니까 미디어 침투율이 높은 나라인데, 명망가 정치는 미디어 정치하고 맞물려서 어떻게 보면 계급 정치를 대치한 듯한 느낌을 많이 줬습니다. 결국 명망가 정치, 미디어 정치는 의회주의 정치일 수밖에 없습니다. 명망가가 미디어의 주목을 받아

> 명망가들은 당장 국회에 가야 한다는 열망이 크기 때문에 참고 기다리기가 어려운 거죠

언론 플레이를 하며 인기를 높일 수 있는데, 그것이 계급 정치의 기본적인 방향하고 충돌된 것이죠. 계급 정치 입장에서는 진보신당이 독자

노선으로 가서 계급 정당으로 조금씩 탈바꿈되어야 하는데, 명망가들은 당장 국회에 가야 한다는 열망이 크기 때문에 그것을 참고 기다리기가 어려운 거죠. 크게 봐서 명망가 정치와 계급 정치가 충돌된 것인데요. 노동 정치 안에서 명망가 정치를 극복하지 못하는 것은 부끄러운 일입니다. 조금씩 극복되어야겠죠.

어떻게 보면 지금 진보신당의 대표이신 홍세화 선생님도 명망가라고 볼 수 있지 않습니까?

불가피한 면이 있죠. 문제는 뭐냐 하면 명망가가 자신의 명망성을 계급을 위해 사용하면 나쁠 것은 없습니다. 예를 들면, 러시아 사회민주노동당 역사에서 막심 고리키 같은 명망가들은 당을 위해서 자신의 명예를 이용해 정치적인 역할을 했다든가, 또는 시민들을 변호해줬다든가 하는 것을 충분히 볼 수 있는데요. 그것까지는 나쁘지는 않지만, 명망가들이 조직의 결정을 배반한다든가, 외부의 압력에 굴복한다든가, 계급의 이해관계를 고려하지 않고 자기 길로 간다든가 하는 것은 이미 계급 정치하고는 정반대가 되는 것이죠. 진보신당에서 일부 명망가를 중심으로 일어난 탈당 사태 같은 경우는 어디까지나 계급이나 조직의 이해관계보다 명망가 정치인들 자신들의 이해관계를 우선시한 부분이 있다는 것입니다. 우리에게는 낯설지 않은 모습이지만, 노동운동으로서는 극복해야 할 대상이 아닌가 생각합니다.

그렇다면 참 정치인은 어떤 분들이라고 생각하세요?

참 정치인이라고 해서 이긴 사람만이 참 정치인은 아니거든요. 불가피한 상황에서 사람이 질 수도 있는 거죠. 진다고 하더라도 자기의 신념대로 가고, 어디까지나 미래를 볼 줄 아는 사람들이 참 정치인이 아닌가 싶습니다. 레닌 같은 경우 10월혁명이 단기적으로 패배를 당했습니다. 스탈린에 의해서 독재로 갔고, 왜곡이 됐고, 결국 유사 계급 국가인 소련을 만들었다가 그 소련이 유사 계급 국가도 아니고, 완전히 계급 국가가 되었습니다. 말 그대로 레닌의 10월혁명이 패배를 한 거죠. 그렇지만 그 혁명은 세계의 수많은 노동자들에게 영감이 됐고, 20세기 노동운동의 발전을 주도했고, 수많은 사람에게 희망을 줬습니다. 패배를 당하더라도 엄청난 유산을 남긴 거예요. 패배의 가능성을 레닌도 직시하고 있었습니다. 러시아는 사회주의 건설을 할 만한 잠재력이 없었고, 후진국이었고, 세계혁명이 일어나지 않는 이상은 사회주의를 생각할 수도 없었습니다. 일국 사회주의라는 것이 결국에는 국가자본주의로 전환될 확률이 높고, 관료화될 확률이 높다는 것을 레닌도 다 알고 있었죠. 그러니까 단기적인 패배를 예상하면서도 끝까지 그 길로 간 것은 그 혁명의 세계역사적인 의미를 어느 정도 이해했기 때문입니다. 진짜 정치인은 자기의 단기적인 이익뿐만 아니고 자신의 행동에, 예컨대 세계적인 의미라든가 적게는 한 나라의 역사적인 의미라든가 그런 것까지 생각할 줄 아는 사람이겠죠. 우리가 지금 알고 있는 국내 정치인들 중에서는 보기 어렵습니다.

기대를 가지고 있는 분은 안 계신가요?

그게 힘든 부분이죠. 우리한테 일련의 노동운동 지도자 출신의 정치인들이 계시지 않았습니까? 노회찬 선생도 계셨고, 심상정 선생도 계셨는데, 결국 이번 사태에서 보여줬듯이 장기적인 명분을 단기적인 이익을 위해서 희생시킨 부분이 있어서 정말 실망스럽습니다. 앞으로는 80년대에 노동자를 계몽하겠다고 나선 학출(학생출신 노동운동가)보다는 비정규직 운동 같은 것을 하다가 정치에 입문하는 노동운동 지도자들이 가능성이 더 크지 않을까 싶습니다. 80년대 학출 노동운동 지도자 같은 경우는 만만치 않은 엘리트 의식이 잠재되어 있기도 했습니다. 나는 고학력자지만 노동자한테 가서 노동자들을 지도하겠다, 그때만 해도 노동자와 고학력자 사이의 간격은 무시무시했거든요. 지금이야 대졸들이야말로 가장 흔한 노동자가 됐지만요.(웃음) 지금은 비정규직 노동운동가 출신이라든가 전투적인 노동운동가 출신이 정치에 입문해서 노동자 계급을 위해 좀 더 많은 일을 할 수 있지 않을까 그런 생각이 듭니다.

'마이크 크기' 가 문제라고요?

노동 조직의 정치적 활동이 한국에서는 약한 편인데요.

사실 한국 기업에서 노동자라든가 시민사회가 발언권을 가진 역사는 없습니다. 그런 요구도 제대로 제기한 적이 없었고, 최근에 현대자동차 노조가 한 번 경영 참여를 요구한 적은 있었지만, 협상 대상도 되지 못했습니다. 그러니까 노조가 경영 참여를 하는 상황은 혁명적인 것인데요. 통합진보당과 같이 비교적 온건한 성격의 정당이 이와 같은 혁명적인 요구를 들고 나서서 투쟁할 것 같지는 않습니다. 그렇게 상상하기가 어렵죠. 그들의 지도자라든가, 그들의 정치적 성격이라든가 여태까지의 경력을 대체로 알고 있지 않습니까? 유시민 씨 같은 부르주아 리버럴들이 참여하는 당이 과연 그런 상상력 혹은 역량이나 있는지 저로서는 매우 의심스럽기만 할 따름입니다.

노회찬, 심상정 씨 등은 '마이크 크기'를 이야기하면서 국회에 진입해야만 노동운동이 제 목소리를 낼 수 있다고 주장합니다.

국회를 통해서 우리 계급의 힘이 강해지고, 진보정당이 국회에서 상당한 의석을 차지할 수 있으면 복지국가 쪽으로 가는데 도움은 되죠. 하지만 그 이상은 절대 못 됩니다. 문제는 무엇인가 하면 진보주의자들이 국회 의석수를 늘리는 것만큼 관료적 메커니즘의 작동에 익숙해지고, 관료 체제와 갈등하면서도 어떻게 보면 가까워지는 부분이 있고요. 또 그만큼 변화의지가 약해지는 부분도 있습니다.

20세기 초반 독일 의회의 사민주의자들이 아주 전형적인 사례에 속하죠. 처음에는 굉장히 급진적이었다가 제1차 세계대전 발발 직전에는 거의 직업 정치인화된 부분이 있었어요. 전쟁 발발하자마자 거의 다들 전쟁을 지지했습니다. 투표할 때 지지하기도 하고, 결국에는 저항을 하지 못한 거죠. 그러니까 누군가 국회에 들어가서 국회를 바꿀 수도 있지만, 또 국회가 사람들을 그만큼 바꾸는 부분도 있습니다. 그것을 방지하기가 쉽지 않습니다. 사회주의적인 정치인들이 노동자들과 관계를 유지하고, 현장의 소리를 듣기 위해 현장에 자주 나가고 투쟁에 참여해야 하는데, 현실에서는 쉽지가 않습니다. 관료화 방지는 정말 어렵습니다.

> 누군가 국회에 들어가서 국회를 바꿀 수도 있지만 또 국회가 사람들을 그만큼 바꾸는 부분도 있습니다

한국 진보가 미숙한 이유

자유주의 정권인 노무현 집권기를 지나면서 좌파 진영이 약화됐다고 하는데요. 무엇 때문에 그렇게 되었을까요?

국민들이 노무현에게 몰표를 준 것은 어떻게 보면 변화에 대한 의지를 보여준 거죠. 노무현의 이미지는 상당히 복합적이었는데, 한때 노동운동가들의 변호사였고, 노동운동과 일정한 관계를 맺었던 사람입니다. 상당수의 노동운동 지도자들도 지지했고, 말하자면 노무현이 사민주의자도 아니었는데 일정한 사민주의적인 요소가 보였던 정치인이었고, 무

엇보다 합리적인 대북정책 같은 것도 기대됐었죠. 한국의 특수한 상황에서는 미국과 거리를 둬서 북쪽하고 일정 수준 협조하는 것이 사회의 탈군사화에 굉장히 중요합니다. 북조선과 관계가 좋아야 군대를 줄일 수 있고, 군사주의 분위기를 완화시킬 수가 있고, 잘하면 대체복무제라든가 이런 것을 도입할 수도 있고요. 노무현이 일단은 그런 식의 마인드가 있어 보였어요. 결국 아무것도 안 됐지만. 종교적인 병역거부자들을 위해서 대체복무제를 만들겠다는 공약도 있었어요. 제가 나름 당선을 반긴 것은 그 사람이 사회주의자도 아니고 사민주의자도 아니었지만, 그런 것을 종합적으로 봤을 때 의미 있는 당선이라는 판단이었죠.

그렇지만 노무현은 결국 자신이 대표하는 정치 스펙트럼에서 사민주의적인 요소와 같은 것들은 깡그리 무시했고, 축소시켰고, 거의 신자유주의 일변도의 정책으로 갔습니다. 지지자들을 배신했고요. 그런데 왜 좌파진영이 그것을 이용하지 못하고, 결국에는 반사이익도 받지 못하고, 지금처럼 흐지부지되고 말았는가 하면 복합적인 문제 같습니다.

하나는 좌파 안에서의 미숙성, 뿌리 깊은 전통적인 좌파가 한국에는 거의 없지 않습니까? 지금 우리가 알고 있는 좌파는 80년대에 자생적으로 자라난 거죠. 그 전에 뿌리는 다 잘렸습니다. 70년대 좌파는 홍세화 선생님이 가입하셨던 남민전 같은 분들인데 탄압받고 끊겼고요. 다시 자라난 80년대 계급적 좌파는, 아직은 너무 미약합니다. 일단 지식인 위주의 서클부터 시작된 것이라 그만큼 대중적인 뿌리가 너무 약하고, 그나마 있는 뿌리는 대기업 노조 활동가층과 유착관계가 있습니다. 문제는 대기업 노조 자체도 노동계에서는 굉장히 특수한 특권적인 위치에 있다는 것이죠. 그러니까 좌파는 대중적으로 친근하지 못합니다. 노동계급의 대다수는 비정규직 노동자와 중소기업 노동자들인데요. 좌파는 그들을 만날 길이 없어요. 그들에게 가서 얘기할 수 있는 경로가 없는 거죠. 예를 들어, 금속노조나 전교조를 통해서는 노동자한테 특강을 할 수가 있는데요. 조직화조차도 안 되어 있는 비정규직과는 연결방법이 없는 거죠. 그런 의미에서 좌파는 너무 취약하고, 지역 조직이 너무 없어요. 사실 정치는 지역에서 하는 거잖아요. 좌파는 지역적인 연결망이 거의 없죠. 40년대 말 남로당이 탄압받고 망가졌을 때 끊기고 말았죠. 80년대 정치는 어디까지나 중앙정치였기에 좌파는 지역적으로 자라지 못했습니다. 그런 것을 만들려면 오랫동안 집요한 작업이 필요하죠. 그러니까 좌파는 아직 어리고 미숙하고 지역에 있는 민중들과의 연결이 약합니다.

그리고 또 하나는, 우리한테는 어떠한 공통적인 이념이라든가 최소한의 강령 같은 것도 없다시피 합니다. 너무나 미숙한 만큼 분열이 많이 되어 있고요. 한국 좌파의 비극적인 부분이 2008년 민주노동당의 분당 사태인데, 그때 그 부분이 노출된 것이죠. 일부 좌파는 계급보다는 민족 경향이었고요. 그만큼 공존하기 어려웠습니다. 공존하자면 서로 전술이라도 합의했어야 했는데 그것도 제대로 하지 못했고요. 결국에는 분열의 원인이 민족주의라는, 뭘까 한국 상황에서는 빠지기 쉬운 소아병 때문이죠. 아주 빠지기 쉬운 소아병인데 상당수의 좌파가 빠지고 말았어요.

우리가 80년대 이후 91년까지만 해도 사회주의 이야기했는데요. 그 이후에는 사회주의에 대한 고민도 거의 없어진 것 같아요. 실제로는 소련이 몰락했다고 해서 자본주의 위기의 가능성이 없어진 것도 아니고, 자본주의도 어차피 궁극적으로 몰락의 길로 가고 있는데요. 자본주의 이후가 무엇이냐, 그런 고민이 소련 몰락과 함께 사라지고 말았습니다. 그러고 나서 남은 것이 민족 좌파와 사민주의 좌파죠. 자그마한 급진 좌파 집단도 있었지만, 크게 봐서는 민족 좌파와 사민주의 좌파인데요. 둘다 자본주의 이후를 고려하지는 않죠. 민족 좌파는 통일 밖에는 관심이 없고요. 사민주의 좌파는 복지국가밖에 생각하지 않습니다. 자본주의 이후에 대해서 생각한 적이 없습니다. 그러니까 장기적인 전략이 부재했고, 전술이 너무 미숙했습니다. 실제로 의회 전술하고 노동투쟁 전술이 잘 병행되어야 되는데, 좌파는 의회 진입에는 성공했지만, 대대적인 노동투쟁을 이끌지는 못했죠. 여러모로 좌파의 실수와 오류들이 많았고, 소련 몰락이 준 충격이 컸고, 자본주의에 대한 고민도 부족했고, 그렇다고 해서 최소 강령인 복지국가를 달성하기 위한 제대로 된 투쟁을 이끌지 못했죠. 아쉬워요. 아주 아쉽습니다.

그렇다면 현재 한국사회에서 좌파, 혹은 진보 정치 부진의 가장 큰 이유는 뭐라고 생각하십니까?

일단은 역사적인 이유가 있지 않을까 싶습니다. 한국은 6·25 전쟁이 계기가 되어서 극우 안보국가가 되었는데요. 극우 안보국가의 기본적인 전제 두 가지가 있다면, 하나는 병영 사회를 만들어서 북조선과의 대립을 유지하는 것이고, 또 하나는 내부의 적을 멸망시키는 과정에서 국민

단결을 기도하는 것입니다. 내부의 적이 사실은 좌파인데, 좌파 아닌 사람까지도 희생시켜가면서 그렇게 해온 것이죠. 한홍구 씨 표현을 빌리자면 '멸균실 수준의 반공 분위기'였다는 건데요. 좌파가 어느 정도 자생하기 시작한 것이 80년대 중반부터입니다. 일단 자본주의 사회가 어느 정도 성장된 상태에서는 좌파가 후발적으로 성장하는 데 있어서 수많은 어려움을 겪지 않을 수가 없습니다. 기본적으로 대중조직이 부족했던 것이 가장 큰 어려움이 아니었을까 싶은데요. 유럽 같은 경우를 봐도 그렇고, 좌파가 고전적으로 가장 많이 기대는 대중조직이 노조입니다. 그런데 노조 민주화운동도 하긴 했지만, 결국 수많은 노조들이 집단이익 대표기관으로 남았고요. 민주노조는 모든 노조들을 민주화시키는 데 실패했습니다. 그리고 민주노조라 하더라도 꼭 좌파의 이념을 받아들여서 모든 노동자들의 계급적인 이익을 대표하는 기관으로 성장하지도 못했고요. 통계를 보시면 한국 노조 중에서 70퍼센트 정도는 비정규직 노동자를 받아들이지 않고 있거든요. 민주노총 산하에는 그런 노조들이 많습니다. 말 그대로 노조들의 좌파화, 진보화의 한계라고 봐야죠. 한국의 노조운동은 6·25 때 좌파가 몰락하고 나서 대체로 매우 보수적인 방향으로 갔습니다. 70년대 이후에 꾸준히 민주노조가 생겨났지만, 노조운동을 좌파화하는 데는 뚜렷한 한계가 드러났습니다.

좌파가 다시 생겨나기 시작한 80년대 중반에는 한국은 이미 학교 시스템과 미디어 시스템이 가동되고 있는 보수적인 부르주아 사회였고, 학교에서든 미디어 공간 안에서든 좌파 이념이 철저하게 부정 대상이 되어 있었습니다. 보수 언론의 태도를 잘 아시지 않습니까? 파업이 나기만 하면 시민의 발목을 잡는다든가, 파업 때문에 경제가 멈춘다든가, 그런 식으로 노동자는 경제의 주체도 아니었던 거죠. 가장 근본적인 좌파 투쟁의 형태에 대해서 언론이 거의 원천봉쇄, 정보 차원의 원천봉쇄를 하는 부분도 분명히 있고요.

그다음 교육을 보시면, 보수 언론들이 전교조를 자꾸 공격하는데, 교사노조가 절대다수의 교사를 조합화시키는 다른 나라와 달리 한국에서 전교조 교사의 비율은 25퍼센트 이하입니다. 절대다수의 교사들은 전교조와 관련이 없고, 전교조 소속 교사가 되더라도 학교에서는 어쩔 수 없이 철저한 개인 출세주의, 업적주의, 순응주의 이데올로기를 개개인에게 주입시키고 있지 않나 싶습니다. 학교에서 성적 시스템, 경쟁 시스템이 잘 가동되어 있기 때문에 아주 어린 나이에 연대라든가 이념이라든가 그런 것에 신경 쓸 수가 없고요. 나와 남들의 대립 경쟁이 치열해지다 보니 말하자면 나 개인의 경쟁력이 생존의 주된 조건이 되는 것이고, '남을 눌러서 이겨야 한다, 나의 생존은 나만 보장할 수 있다, 경쟁해야 한다, 실력을 쌓아야 한다, 이 세상이 싸움터다' 이런 사고방식이 내면화되어 온 것입니다. 그런 싸움터에서 가장 중요한 전투의 방식이 뭐냐 하면, 윗사람에게 잘 보이고 아부하는 거죠. 그렇게 하지 않으면 이길 수가 없으니까요.

경쟁 시스템 학교에서 교육받은 사람이 사회에 나오면 좌파로서는 어떻게 하기가 어렵습니다

어쨌든 순응주의와 출세주의, 업적주의, 이런 조합이 학교에서 가르치는 이데올로기인데, 이미 그렇게 교육받은 사람이 사회에 나오면 좌파로서는 어떻게 하기가 어렵습니다. 그러니까 이 사회를 재생산시키고 이 사회를 조정하는 기관들은 좌파의 반대편에 서는 기관들인데 이미 어느 정도 틀이 잡힌 보수적인 부르주아 사회에서 좌파가 뒤늦게 출발하게 됨으로써 후발로서의 수많은 핸디캡을 안고 있는 거죠.

지금은 더 어려워진 상황 아닙니까?

일단은 두 가지를 분리해서 얘기합시다. 하나는 지금 상황이고요. 또 하나는 제 개인적인 생각인데요. 신자유주의에 대한 상당한 저항 유발이 가능하다는 겁니다.

15년 전만 해도 신자유주의 도입 초기였죠. 실제로 1996~1997년 이후에 본격적으로 신자유주의가 대한민국을 급습, 말하자면 엄습을 했던 건데요. 그때만 해도 그게 아직 새로웠고, 거기에 대해 저항하려는 시도들이 있었습니다. 가장 큰 저항 시도는 기억하시겠지만 96년 총파업이고, 그다음에 IMF사태 이후 여러 저항과 투쟁들이 있었습니다. 그럼에도 불구하고, 지난 15년 동안 신자유주의는 대한민국에 대단히 잘 정착됐고, 고속성장이 더 이상 되풀이되지는 않았지만 일정한 경제 성장을 담보해온 부분도 있었습니다. 무엇보다 한국 경제가 중국 경제와 동반자 관계를 구축해서 중국 경제의 고속성장 반사이익을 받은 부분이 큽니다. 어쨌든 한국의 신자유주의는 한국사회에 깊이 침투를 했고, 사회를 대단히 바꿔놨습니다. 사람의 인식 자체를 완전히 바꿔놓은 것이죠.

지금 학교 한번 가보시죠. 경쟁에 익숙해진 아이들은 선생님이 약한 아이를 배려해주면 많은 경우 반발할 정도입니다. 약자에 대한 배려는 배우지 못했으니까 이해하기가 어렵다는 것이죠. 비정규직 양산이 15년 전부터 급속하게 일어나고 있었는데 지금은 전체 노동 인구의 56~57퍼센트가 비정규직으로 그 숫자가 전혀 줄어들지 않고 그대로 유지되고 있습니다. 한국 경제는 이 정도의 비정규직을 가지고 있지 않으면 이윤추구가 불가능해진 구조, 그러니까 철저한 노동착취 구조가 완전히 자리 잡힌 겁니다. 신자유주의가 정착된 만큼 그것에 대한 저항성도 생겼지만, 일면으로는 신자유주의적인 틀에 익숙해진 면도 있습니다. 익숙해진 만큼 이 사회에서 저항을 일으키기 어려워진 부분도 있고요.

그런데 15년 동안의 신자유주의적 실험이 우리한테는 동시에 상당한 저항 유발의 가능성도 줬습니다. 예를 들어서 복지담론의 확산이라든가, 반값등록금 논의가 이루어지고 있는 것은 그만큼 사람들이 신자유주의에 질려버렸다는 거죠. 일면으로는 사회주의 이야기가 어려워졌고, 일면으로는 복지국가 이야기를 하는 게 어렵지 않게 되었습니다. 신자유주의에 대해서 질려버린 만큼 복지국가 이야기는 대중화됐습니다. 제 개인적인 생각으로는 오랫동안 극우 독재 밑에 있다가 신자유주의를 거의 15년 동안 실천해온 나라라면 당연히 사회주의적인 신념을 가져야 하겠지만, 일단은 최소 강령과 최대 강령을 구분해야 합니다. 최대 강령이야 자본주의 극복이죠. 그런데 최소 강령 차원에서는 신자유주의부터 퇴치해야 하고, 신자유주의적인 모델을 차차 대체해야 하는 것이죠. 그것이 바로 사회주의로 연결되는 것은 아니더라도 그 과정에서 대중이 조직화되고, 차후 투쟁의 가능성이 열리는 것입니다. 그러니까 최소 강령으로 공공성이 강한, 노동자의 경영 참여 같은 것이 가능한 복지국가 건설이 되어야 하는 것이죠. 이 최소 강령이 지금은 어느 정도 실시 가능해 보입니다. 사회주의 얘기는 그다음 이야기죠. 그렇다고 사회주의 얘기를 절대 빼면 안 됩니다. 그게 우리 미래의 기본적인 비전입니다.

젊은 진보에 대한 배려

2011년 여름 아들 유리와 함께 한국에 와서 부산으로 갔습니다. 아드님을 데려간 이유가 있으신가요?

아이가 워낙 좋은 조건에서 자라니까. 노르웨이 같은 경우 파업은 있어도 이렇게 처절한 투쟁은 없거든요. 계급투쟁이라는 것이 무엇인지 현장에서 배우라고 한 거죠.(웃음) 노르웨이에도 노조 투쟁이 있지만, 투쟁할 때는 기금이 있습니다. 말 그대로, 월급을 평소대로 받아가면서 아주 즐겁게 집회하고 투쟁을 하는 거지, 위기감 같은 것이 전혀 없어요. 파업을 하는 경우도 있는데 대부분의 사람들이 지지해요. 2010년에 대학 엘리베이터 노동자들이 3개월 동안 파업한 적이 있었는데 교수라든가

> 노르웨이는 파업은 있어도 처절한 투쟁은 없거든요 계급투쟁이 무엇인지 현장에서 배우라고 한 거죠

학생, 직원 등 학내 모든 구성원들이 걸어서 몇 층을 올라가면서도 불평 한마디 없었습니다. 우리나라처럼 경찰이 노동자들을 체포하는 풍경은 30년대 대공황 때나 있었던 일이죠. 그런데 노르웨이 같은 나라가 지상에 몇 개나 있겠어요? 대다수의 세계인들은 대한민국처럼 살거나 훨씬 더 어렵게 사는 건데, 아이한테 있는 그대로의 현실을 보여주고 싶었어요.

보수층에서 흔히 얘기하는 조기 이념교육을 시키신 거네요.(웃음)

그런 셈이죠.(웃음) 노르웨이 같은 경우는 사실 그런 전통들이 있어요. 노르웨이 정당들에는 청년 조직들이 있어요. 대체로 나이가 14~15세부터입니다. 제 아이가 열 살이에요. 그러니까 4년쯤 지나면 정당 활동을 시작할 수 있는 나이가 되는 거죠. 우리나라의 경우, 학생 운동권 출신의 활동가들이 노동자들을 계몽하거나 운동권 서클의 선배들이 후배들을 의식화시키는 방식이었는데, 이건 굉장히 계몽주의적이고 위계질서적으로 아직까지도 어쩔 수 없이 남아 있는 부분이 있습니다. 이렇게 되면 일단 연령 구조가 분명해지죠. 상층 활동가를 보면 80년대나 90년대 초반의 베테랑들이고, 나이가 젊은 10대 후반, 20대 초반의 일반 당원들 같은 경우에는 당 안에서 자라기가 어렵죠. 연령 구조상 줄 서서 많이 기다려야 해요.(웃음)

노르웨이는 지도자나 당수의 나이가 20대 후반이에요 평당원들의 나이가 훨씬 많죠 노르웨이는 급진적인 정당이라든가 적색당(Roedt) 같은 경우, 지도자나 당수의 나이가 20대 후반이에요. 제가 사는 도시의 적색당 지역위원장은 20대 중반입니다. 평당원들의 나이가 훨씬 많죠.(웃음) 이쪽 같은 경우에는 희망이 보이는 젊은 활동가를 발굴해서 중임을 맡기고, 20대 중반 이후로는 급성장하게 만들어 어린 사람이 소외를 느끼지 않도록 하게 하는 구조가 되어 있는 거죠. 한국은 그게 좀 어렵습니다.

노회찬은 유시민이나 조국 같은 사람이 될 수 없거든요

2008년 민족주의 좌파와 결별한 것에 대해 얼마 전에 반성하는 글을 쓰시기도 했는데요. 반성을 하게 된 이유가 있나요.

한국에서는 일단 진보가 취약하잖아요. 민족주의자들은 비록 소아병에 걸렸다고 해도 어디까지나 사회를 개혁해야 한다고 믿는 사람들이고요. 당시에는 하도 그 논쟁이 치열하다 보니까 저도 결별해야 한다고 썼지만, 지금 같아서는 제 자신의 행위에 대해서 유감의 생각이 드는 거죠. 좌파가 이 정도 취약한 사회에서는 차라리 민족주의자들의 소아병을 우리가 조금씩 논쟁을 통해서 치유해주고, 그들과 끝까지 같이 갔으면 좋지 않았을까 싶어요. 좌파가 떠난 민노당이 유시민 류의 부르주아 정객들의 들러리가 돼버린 것 같아 안타깝습니다. 부르주아 정객들의 손을

머뭇거림 없이 잡아주는 것은 분명 민족주의자와 자주파들의 엄청난 오판이고, 그들의 어떤 근본적인 판단 오류를 보여주는 부분이지만, 그래도 같은 민노당 안에 남았다면 그들을 견제하여 이와 같은 치명적인 오류들을 예방할 수라도 있지 않았을까 하는 생각이죠. 다만 당시에 그렇게 판단하기 어려웠던 이유는 계급 좌파도 미숙했지만, 민족주의자들의 행동 방식이 훨씬 더 미숙하지 않았을까 싶습니다. 양쪽 사이의 차이가 너무 크게 보였던 겁니다.

그렇다면 지금이라도 좌파가 통합진보당과 합쳐서 내부에서 변화를 모색하여야 하는 것은 아닐까요?

아직도 좌파 정당들의 세계는 한국에서 공고화된 것이 아닙니다. 틀이 완전히 잡힌 건 아니죠. 진보신당은 지금 틀대로 사회당하고 합쳐서 하나의 계급 정당으로 가고 있고요. 통합진보당 같은 경우 진보신당보다 지구력이 약합니다. 진보신당이야 남을 사람만 남은 것이고, 남은 사람은 대체로 어느 정도 공유하는 이념이라든가 믿음이 있습니다. 그렇게 쉽게 깨지는 않을 겁니다. 이념으로 뭉쳐진 집단이다 보니까 쉽게 깨지는 않는데, 통합진보당 같은 경우에는 다들 같이 공유하는 이념이 없어요. 민족주의자들과 사민주의자들과 신자유주의자들 사이에서는 지금 당장 정치적인 이익이 공유된다고 생각할 수 있지, 장기적으로는 이념도 전략도 지지기반도 다 다릅니다. 아마 총선이나 길게 보자면 대선에서 별로 성과가 안 좋다 보면 사민주의자들이나 민족주의자들 중에서 머리가 좀 돌아가는 사람들이 빠져나올 수 있을 거고요. 그러고 나면 진보신당하고 얼마든지 합칠 수 있지 않을까 싶습니다. 진보신당은 조금 더 넓은 계급적인 연합, 노동자 계급을 총체적으로 아우를 수 있는 연합이 필요할 수가 있는데, 그쪽에서 계급 정치를 하겠다는 사람들이 나온다면 나중에 어떤 방식으로든 같이 할 수 있지 않을까 싶습니다. 제가 보기에는 통합진보당은 장기성이 조금 의심이 듭니다.

오래가지 못할 것 같은 정당이다?

그렇게 느껴지죠. 선거 말고는 공통분모가 전혀 없으니까요.

당의 정체성이 뭐냐는 얘기도 나오긴 하더라고요.

노회찬 씨는 아무리 본인이 원해도 유시민이나 조국 교수 같은 정치인이 될 수 없거든요. 주된 지지기반이 노동자인데요. 노회찬을 찍을 사람들은 유시민이나 조국을 찍을 사람하고는 다르거든요. 총선을 앞두고 그들과 손을 잡았겠지만, 총선이 지나고 나면 다른 계산이 나올 겁니다. 그러니까 노회찬 씨가 유시민 씨와 오랫동안 같이 간다는 것을 상상하기는 어렵습니다.

노회찬을 찍을 사람들은 유시민이나 조국을 찍을 사람하고는 다르거든요

노회찬과 유시민 두 사람이 '저공비행'이라는 팟캐스트 방송을 하는데, 반응은 좋더라고요. 노회찬 씨 같은 경우에는 언급된 두 분만큼 대중적 지지도를 끌어낼 수 있을 것 같기도 합니다. 예전에는 노회찬 씨에 대해서 높이 평가하신 부분이 있으신데요.

개인적으로는 좋은 사람이라고 보죠. 순발력이 좋고, 생각이 있고, 상당히 교양 기반이 좋으시고, 아주 우수한 사람이죠. 노회찬 지지자들 중에는 이들을 묶음 세트로 보고 즉흥적으로 지지하는 사람이 있을 수 있겠지만, 장기적으로 지지해온 사람들 즉, 골수 지지자들인 노동운동 관련자들한테 유시민 씨는 아주 이질적인 존재죠. 그런 것을 연합시키기가 어려울 것 같습니다. 지금은 총선 정국이라 일단 모든 힘을 국회행에 쏟고 있는데, 어쨌든 총선 정국은 곧 끝날 거고요. 장기적으로 노회찬 씨가 어떻게 발전되어야 하는가 하는 문제가 제기될 텐데,

더 먼 길을 유시민과 같이 갔다가는 가장 강력한 지지자들부터 떨어질 겁니다

더 먼 길을 유시민과 같이 갔다가는 가장 강력한 지지자들부터 떨어질 텐데, 그건 아마 본인으로서도 고민이 될 거라고 봅니다.

녹색당이 창당했습니다. 녹색에 대하여 좌파들은 진보의 하나의 요소로 보고 있지만, 녹색당의 일부 활동가들은 녹색은 성장과 생태라는 틀에서 보고 진보와 보수 모두를 비판하거나 스스로를 제3영역이라고 주장하기노 하는데요.

당연히 환경을 생각한다면 오로지 잉여 축적과 이윤추구를 위한 무분

별한 생산·소비는 지양돼야 하지만, 자본주의 체제하에서는 그저 비현실적일 뿐입니다. 석유, 가스 산업의 이윤이 계속 높은 상황에서 (그 이윤을 궁극적으로 줄어들게 할 수 있는) 대안에너지 산업 투자가 늘 뒷전이고 그 방면의 큰 진척이 없다는 게 그 반증이 아닌가 싶습니다. 녹색, 즉 환경문제는 자본주의가 필연적으로 지양돼야 할 주된 이유 중의 하나입니다. 하지만, 탈자본주의 과제는 언제나 좌파가 짊어질 수밖에 없기에, 녹색운동은 좌파적 견지에서 '부문 운동'으로 보는 게 맞는 것 같습니다.

투표는 만병통치약이다(?)

많은 사람들이 투표를 통해서 변화를 가져올 수 있다고 믿고 있는데요.

절차적 민주주의가 계속 진행되고 있어도 동시에 민중의 피폐화 역시 이어지고 있습니다. 학교 같은 경우에는 가혹한 경쟁의 장이 됐고, 아주 어린 나이부터 학생들을 인간 주체로 만들기도 전에 무한 경쟁의 경쟁 주체로 만들고, 탈인간화, 비인간화시키고 있습니다. 그 결과 학교에서의 자살, 가혹 행위 등등으로 계속 이어져 가는 거고요. 한번, 자살로 몰린 아이 입장에서 생각해보세요. 아이들이 이런 지옥에서 자라는 나라에서 절차적 민주주의가 있고 없고 하는 것이 무슨 의미가 있습니까? 투표한다고 아이가 행복하겠어요? 투표 안 하는 것보다야 하는 게 좋지만, 그게 무슨 만병통치약처럼 생각하니까 문제죠.

우리에게는 흔히 한 가지 이념적 무의식이 있는데, 바로 (제도적 의회) 민주주의 또는 (절차적) 민주화를 어떤 절대선으로 본다는 것입니다. 한국 '주류'의 관점에서는 '산업화'와 마찬가지로 '민주화'야말로 대한민국을 북조선 등과 긍정적으로 차별화시키는 절대적인 '우리들의 업적'으로 평가하는데, 이와 같은 지배자들의 의견을 알게 모르게 수많은 피지배자들까지 수용하게 되죠. 노동자들로 하여금 영구적인 장시간 고강도 노동착취 구조에 구속당하게 하고 커다란 불안노동자층을 만들어놓은 '산업화'에 대해서 그나마 회의를 해보는 것은 적어도 진보진영에서는 가능한 일이지만, '민주화'만큼은 거의 신성불가침으로 인식되어지는 듯합니다. 그만큼 우리는 (부르주아 사회의 제도적) 민주주의의 그림자, 즉 복잡한 계급적인 함의에 무감각한 것입니다.

물론 권위주의보다는 (절차적 부르주아) 민주주의라도 좋다는 사실이야 저도 다 체감했습니다. 1991년, 서울에 처음으로 갔을 때 거리에서 자주 맡았던 매캐한 최루탄 냄새와 기숙사 동숙생들이 주고받았던 잡혀간 선배들 이야기, 프락치로 밝혀진 '가짜 학생' 이야기 등등을, 저는 지금도 생생히 기억합니다. 세월이 흘러 이제는 최루탄 대용으로 얼음물대포를 쏘고, 제가 그때 갔던 고려대와 같은 '명문대학'에는 이제 잡

> 자살로 몰린 아이 입장에서 생각해보세요 절차적 민주주의가 무슨 의미가 있습니까 투표한다고 아이가 행복하겠어요

혀갈 만한 급진운동가도 거의 남지 않아 문제지만, 좌우간 운동권의 투사가 아닌 일반인마저도 부정한 권력에 '쫄지' 않고 살 만큼 (절차적) 민주화가 어느 정도 진행돼 천만다행이라는 측면도 분명 있습니다. 1991년 같으면 재벌가들의 '사설 기쁨조' 이야기를 그저 입소문으로만 전해 들었지만, 요즘은 세상이 좋아져 이종걸 의원처럼 조선일보의 방모 씨에 대해서 "장자연 씨를 술과 성접대로 결국 자살케 만든 '악마'였다"고 발언해 고소를 당해도 무죄로 풀리지 않습니까? 물론 재벌가들은 계속해서 그들의 먹이가 돼야 할 수많은 남녀들을 자살로 몰고 있지만, 적어도 국회의원 정도의 신분이 되면 사람들을 생으로 잡아먹는 식인종들이 이 사회를 지배하고 있다는 사실을 폭로해도 되니 정말 너무나 멋진 세계입니다. 선진화가 다 됐나 봐요. 좌우간, 씁쓸한 이야기는 그만두고 핵심을 말하자면 분명 (절차적) 민주주의에도 쓸만한 면들은 있습니다. 그걸 부정하는 것이 아니고 또 다른 측면도 보자는 말씀이죠.

국내에서 민주화 과정은 약 50여 년밖에 안 걸렸지만 (소위 '건국' 부터 김영삼, 김대중 집권까지) 유럽은 남녀 구분 없는 보편적 투표권을 획득하는 데에만 한 세기 이상 걸리는 경우들이 수두룩합니다. 영국을 한 번 보시지요. 1832년 선거법 개혁으로 남성 중에서 약 12퍼센트의 부유층 및 중산층만 투표권을 얻었는데, 이를 통해 전체 성인 인구 중 투표권 보유자가 약 6퍼센트가 됩니다. 그게 하나의 시작이 되어 1918년과 1928년 두 차례의 국민대표법 채택으로 드디어 재산을 기준으로 투표권을 제한시키는 제도가 폐지되고 보편적 투표권이 획득됐습니다. 거의 한 세기 정도 걸린 셈이죠. 물론 이 과정은 '밑으로부터의 압력'에 의해 획득된 측면이 큽니다. 예컨대 1830~40년대의 보통선거권 획득 운동인 차티즘(Chartism) 운동은 노동자의 정치적 파업과 같은 강력한 민중 투쟁의 수단들을 세계사에서 거의 최초로 발견한 셈입니다.

그런데 보통선거권은 '밑으로부터 쟁취된' 측면도 있지만, 또 다른 측면도 있습니다. 제1차 세계대전부터 영국에서 그때까지 없었던 징병제가 처음으로 실시되는 등 빈민까지도 총동원해야 할 강력한 '전시동원 국가'가 창출된 것이죠. 이 국가의 '순량한 국민'이 되어 대륙으로 건너가, 같은 노동자와 농민인 독일 병사들의 가슴에 아무 주저 없이 총검을 박을 '충군애국의 평민'들을 국가는 만들어야 했습니다. 평민들을 국가와 자산계급을 위한 살인자로 만들려면, 그들에게 겉으로라도 최소한의 참정권을 주어야 되었고, 이런 차원에서 볼 때 1918년의 '민주화'는 가난한 노동자에 대한 '체제 편입'의 기제이기도 했습니다. 또, 그들에게 최소한의 '국가·사회 구성원의 자격'을 주지 않으면 볼셰비키를 '벤치마킹'해서 4년의 전쟁 동안 자신들을 죽고 죽이게 만든 그 흡혈귀 같은 국가를 완전히 박살 낼 우려도 컸습니다. 참정권을 줌으로써 기존의 '온건한' 정당들의 선전의 대상이 되는, 정당 질서 속에 편입된 노동자가 덜 위험하리라는 것이 당시 지배자들의 계산이었죠.

아마도 누군가는 저에게 "그러면 수많은 빈민들이 투표권을 얻은 것은 공산당 등 반체제 투쟁 단체들에게 유익하지 않았겠느냐? 그들은 왜 절차적 민주주의를 통해 체제와의 싸움을 진행해 체제를 평화적으로 바꿀 수 없었느냐?"고 물어올 것입니다. 글쎄, 제1차 세계대전의 종료와 러시아 혁명으로 인한 급진화 추세를 타서, 1922년에 두 명의 공산주의자가 최초로 영국 국회의원이 되긴 했습니다. 문제는 무엇인가 하면, 아무리 '민주화' 된 나라라 해도 자본주의 국가인 이상 본격적인 체제의 변화를 추구하는 이들에게 상황은 절대 호락호락하지 않습니다. 영국 공산당의 경우 그 '신사' 적인 나라에서 1926년 총파업 때 '소요선동죄' 에 걸려 지도자 12명이 감옥에 갇히는 등 온갖 탄압들을 다 겪었습니다. 게다가 감옥행만이 문제입니까? '모스크바의 간첩들' 이라고 공격하는 모든 부르주아 신문들의 끝이 보이지 않는 비방전, 학교·교회에서의 반공주의적 세뇌, 공산주의자들을 최악의 라이벌로 생각해 그 배격에 모든 힘을 다 모으는 보수화된 노조 관료들의 악질적 방해…… 형식적 민주화가 백 번 돼도 이미 보수화된 자본주의 사회에서 '급진분자' 들은 아무리 '침묵하는 대다수' 의 객관적인 이해관계를 표방한다 해도, 절대로 지배자들의 이념적 헤게모니의 철사망을 뚫을 수 없습니다. 반대로, '급진분자' 들은 (의회) 민주주의 질서에 적극적으로 참여하면 할수록 자신들 스스로가 보수화의 길을 걸어 그 바깥의 사회와 동질화되는 것입니다.

일본공산당을 보시지요. 1950년에서 1955년까지, 즉 제6회 전국협의회까지는 무장투쟁의 노선을 걸었지만, 그 후에는 (절차적) '자유민주주의' 를 받아들여 각급 의회 진출에 올인하지 않았습니까? 그 결과는? 1972년에 491개의 의석이 있는 국회에 38명의 의원을 보내는 등 꽤 가시적으로 '유의미한 정치적 소수자' 의 위치를 획득했지만, 그 대가로 포기한 게 한두 가지였습니까? 무장투쟁 시기에 생사를 같이 했던 재일조선인 등 종족적 소수자에 대한 관심은 거의 버렸다시피 했고, 노조에서의 관례화된 춘투(春鬪, 연례 임금인상투쟁) 등에 안주해 보다 더 공세적인 투쟁을 포기하고, 1960년대 말에 이르러 소련이나 중국 공산당과의 관계를 매우 느슨하게 하는 등 '세계'에 대한 관심도 거의 잃은 듯했습니다. 결국 평화헌법 사수 등 '민주주의 수호'와 복지예산 증가 등의 제한적인 (현 체제하의) 재분배 문제에 몰두한 나머지, 보다 본질적인 사회개혁에 대한 욕망을 접고 만 것입니다. 이에 대한 실망으로 적군파 등의 신좌파가 공산당을 버려 독자적 길을 걷게 됐는데, 신좌파의 경우에는 공산당 정도의 대중성마저도 거의 없었기에 결국 대중들과 유리되어 극소수 영웅주의, 맹렬 가투주의 등으로 혁명적 에너지를 별 효과도 없이 소모시키고 말았습니다. 공산당과 신좌파의 분열은 일본 진보운동의 일대 비극이었는데, 그 분열의 원인은 어디까지나 공산당의 현실 안주, 즉 혁명성 상실에 있었다고 봐야 합니다. (절차적) 민주주의에의 적극 참여는 이처럼 과거의 혁명가들을 순치시키는 것이죠.

우리가 지금 갖고 있는 (의회) 민주주의는 대단히 보수적이며 부족합니다. 직업 정치인들이 기업들의 막대한 정치자금을 이용해 유권자들에게 그 정치적 '상품'을 '판매'하고, 그 '판매'가 성공되어 '금배지'만 달면 직업 관료, 기업인들과 하나가 되어서 기존의 체제를 기득권층의 이득을 위해 그대로 운영하는 것은, 다수를 위한 민주주의라고 보기 어렵습니다. 이러한 의회민주주의를 급진적인 정치적 선

우리가 통상 민주주의라는 부르는 현 제도는 짝퉁 물건에 불과합니다

전, 민중의 생활개선 투쟁 등을 위해 제한적으로 이용할 수도 있지만, 사회주의자로서는 오늘날의 '민주주의' 수준에 절대 만족할 수 없습니다. 진짜 민주주의는, 우선 착취자들의 선거 왜곡(정치자금 증여 등)의 완전한 차단을 의미하며, 그다음에는 무엇보다 숙련공 정도의 보수를 받고 일절 특권이 없는, 언제나 유권자에 의해서 소환이 가능한 민중의 대표자들이 매 순간 유권자들의 감시와 견제, 지도를 받고 유권자들의 이해관계를 충실히 실행하는, 조금 더 '소비에트'(노동자 평의회)와 같은 유형의 제도를 의미하는 것입니다. 지금으로서는 그러한 진짜 민주주의는 꿈만 꿀 수 있는 것이고, 우리가 통상 민주주의라는 부르는 현 제도는 '짝퉁' 물건에 불과합니다.

상상이 세계를 바꾸어왔다

보수가 좌파를 공격할 때에 대체로 자주 쓰는 무기가 '현실성이 없다. 이상주의적이다, 대안이 있느냐?' 라는 건데요.

사람이 상상력이 없으면 그 수준에 남는 거죠.(웃음) 한번 200년 전의 세상을 생각해보시죠. 미국 남부에서는 노예제가 그대로 있었고, 아이티에서는 노예제에 반대하는 반란이 성공했지만, 프랑스에서 인정하지 않고 아이티를 다시 점령하려 했고요. 그런 세상에서 애벌리시오니스트

(abolitionist), 즉 노예해방론자들이 신문을 냈다가 린치를 당하지 않았습니까? 19세기 초반의 미국을 보면 노예해방론자들이 제일 많이 들었던 얘기가 '현실성이 없다'는 거였습니다. 우리가 노예 없이 어떻게 살겠냐, 그 당시 미국 남부 경제 상황을 보면 그랬다고 볼 수도 있죠. 노예가 없으면 경제가 붕괴될 것이라는 예측이 있었고요. 200년 전의 뉴욕은 세계 노예무역의 중심지였는데 노예들이 더 이상 오지 않는다면 뉴욕이 어떻게 되겠냐고 했던 것이 200년 전의 세상이었거든요. 결국 조금 지나서 세상이 바뀌지 않았습니까?

> 19세기 초반 노예해방론자들이 제일 많이 들었던 얘기가 현실성이 없다는 거였습니다

　지금이야 자본주의는 우리한테 당연한 현실이고, 우리는 그 현실이 영원히 바뀌지 않을 거라고 무의식적으로 전제하고 사고하기가 쉬운데, 세상은 바뀌거든요. 뭐라고 해야 할까요? 보수주의자들이 역사적인 상상력을 키우는 것이 좋습니다. 200년 전, 300년 전 세상을 생각해보면서 그때 현실적이었던 이야기가 지금 과연 어떤 이야기인지. 300년 전에는 무신론이라는 말은 사형감이었거든요. 무신론자들은 사형당해야 하는 죄인이었단 말이죠. 무신론 혐의를 받은 스피노자는 암살 위협에 시달리는 외톨이 철학자였고, 제대로 된 교수직을 맡지도 못했고, 보석을 가공하는 노동을 해야 했습니다. 겨우 300년 전 얘기거든요. 지금 어떤 세상입니까? 그러니까 '현실성이 없다'고 하면서 '현실성 있는' 이야기만 계속한다면, 우린 아마도 고대나 중세에서 살고 있겠죠.

　200여 년 전만 해도 유럽 사람들이 아프리카나 폴리네시아 이런

곳의 사람들을 잡아다가 동물원에 전시했다더라고요. 지금 생각
하면 이 또한 얼마나 비현실적인 이야기인지요.(웃음)

100년 전만 해도 그랬죠. 빌헬름 황제 치하의 독일제국은 지금의 나미
비아를 식민화했는데, 원주민인 헤레로(Herero)족이 반란을 일으키고
반식민 투쟁을 일으켰을 때 헤레로족 거의 전체를 멸족시키고 말았습니
다. 인구 7만 명 중 6만 명을 기관총으로 총살해서 헤레로족의 씨를 거
의 말렸는데요. 역사상 최초의 제노사이드(genocide, 집단학살) 중 하나
죠. 당시 독일 사민당에서도 반대하는 목소리들이 거의 없었습니다. 그
렇다면 또, 히틀러 치하의 독일에서 '현실성 있게' 유대인들을 당장 죽
이지 말고 단계적으로 죽이자고 제안했던 사람들을 우리는 지금 어떻게
생각해야 할까요?

　100년 전에 일본에서는 조선인, 중국인, 아이누인, 대만인들을 전시
회에서 전시하기도 했었습니다. 조선 유학생들이 그것을 보고 매우 분
노하고 저항을 한 적도 있었는데요. 아주 흔한 일이었습니다. 일제 식민
지 시기에는 일본 지식인 사회에서 조선 독립 이야기하던 사람들이 몇
명이나 있습니까? 공산주의자들이 이야기했고, 아나키스트들 몇몇이
이야기했고, 그 외에는 야나이하라 다다오 교수 그러니까 무교회주의적
인 기독교인 한 사람 정도였습니다. 그 사람과 좌파 빼고는 조선 독립
이야기는 '비현실적'이라고 아무도 얘기하지 않았습니다.

좌파는 왜 도덕성에 민감한가

> 좌파들이 어떤 말만 하면 '비현실적'이라고 욕하면서도, 무슨 일만 터지면 '좌파는 도덕적이어야 한다'고 또 몰아세운단 말이에요.

좌파한테는 사실은 없는 게 굉장히 많지 않습니까? 우리한테는 권력도 없고, 돈도 없고, 언론 접근도 엄청나게 제한되어 있고, 접근한다 해도 글을 쓸 때는 내면의 검열을 하고, 어떨 땐 외부의 검열도 받고요. 수많은 한계가 있고, 많은 면에서 약하잖아요. 특히 한국사회에서는 약할 수밖에 없는데, 그런 것을 타파하는 차원에서는 도덕성으로 할 수밖에 없는 부분이 있죠. 좌파는 깨끗하다, 이런 인식이라도 없으면 한국사회에서 어떻게 생존하겠습니까?(웃음) 한국사회는 가진 자들한테는 굉장히 관대하거든요. 이건희가 범죄자라는 거 모릅니까? 다 알잖아요. 재판받고 유죄판결 받았는데도 감옥엘 가지 않지만, 어쨌든 범죄자라는 거 다 알잖아요. 이명박이 범죄자란 거 모르는 사람 있습니까? 다 아는데 뽑았잖아요. 우리는 지배자들한테는 굉장히 관대합니다. 왜냐하면 지배자들이니까요. 가진 게 너무나 많고, 우리가 그들한테 종속화되어 있고, 그 종속성의 사슬을 끊을 힘이 없다

> 한국사회는 가진 자들한테는 굉장히 관대해요 이건희와 이명박이 범죄자라는 거 모릅니까 다 알잖아요

고 스스로 인정하고, 지배자들을 용서합니다. 용서한다기보다는 그들에게 순응하고 마는 거죠. 좌파한테는 힘이 없습니다. 그만큼 좌파는

도덕성이 커야 하고, 그 도덕성으로 점수를 따야 하는 그런 안타까운 상황입니다.

지난번 서울시장 선거에서도 그랬지만, 초기에는 박원순 후보에 대한 공격이 상당히 먹혀들어가면서 지지율이 상당히 떨어졌어요.

박원순 시장이 좌파, 아니 진보인가요?(웃음)

상대적 진보죠.(웃음)

나경원에 비하면 진보겠죠.(웃음) 우리는 지배자들한테는 너무너무 많이 용서하는데, 진보한테는 아무것도 용서하려 하지 않습니다. 그만큼 진보에 대한 도덕성 요구가 강한데, 그것이 현실인 만큼 도덕적인 우위라도 어느 정도 유지하기 위해서 노력해야 하지 않을까 싶습니다. 어떻게 보면 자본주의로서는 도덕성이라는 것이 체제 외적인 부분입니다. 자본주의 논리 자체는 도덕하고는 아무런 관계가 없습니다. 이윤추구라는 것은 도덕적일 필요도 없고, 실제로 이윤을 추구하다 보면 비도덕적일 필요가 많죠. 자본주의와 도덕은 서로 상대화시킬 수밖에 없는 요소들이 있는데요. 만약에 자본주의 극복을 주장하는 진보가 있다면 반대로 조금 도덕적일 필요가 있습니다.

이를테면 '나는 꼼수다'에 나오는 사람들을 상대적 진보라고 친다면 '우리는 잡놈이다. 우리는 부자였으면 좋겠다'라는 베이스를 깔고 들어가는데요. 도덕적이어야 된다는 강박관념이 있는 것처럼 보이는 것보다 '우리는 니들보다 조금 더 도덕적이기는 하지만, 우리도 사람이니 완벽하지 않다'고 미리 선언하는 것이 어떤 문제가 발생해도 완전히 수세적으로 몰리지 않을 방법이 될 수도 있을 것 같은데요.(웃음)

나꼼수의 장점 하나는 말하자면 패러디, 웃음, 카니발의 에너지를 많이 풀어주는 것 같아요. 축제 분위기가 필요할 때가 있죠. 잡놈 선언이라는 것은 그런 차원이죠. 일종의 카니발적인 분위기를 만드는 거죠. 진보는 여태까지 비분강개를 많이 해왔거든요.(웃음) 독립협회부터 시작해서 한국에서 진보를 표방하는 세력은 대체로 비분강개합니다. 그게 독립을 위한 무장투쟁이었든, 이승만을 반대하는 투쟁이었든 어쨌든 굉장히 숭고했어요. 70~80년대 분위기를 보면 숭고하고 엄숙했습니다. 그것이 좋은 면도 있지만, 잘못하면 강박이 될 수도 있

> 웃고 적당히 욕하는 것까지는 좋게 볼 수 있는데 욕만 가지고는 체제를 무너뜨리기 어렵습니다

고, 아주 잘못하면 폭력이 될 수도 있습니다. 실제 폭력이 되는 경우도 많았죠. 그런 것으로부터 벗어나서 웃음의 에너지를 풀어주는 것도 좋은 건데요. 문제는 뭐냐 하면 웃고 패러디하고 적당히 욕하고 이런 것까지는 좋게 볼 수 있는데, 욕만 가지고는 체제를 무너뜨리기가 어렵습니다. 어떻게 보면 정신분석 상담을 대신 하는 거죠. 심리를 가라앉히고, 기분 좋게 만드는 겁니다. 유럽 같은 경우에는 개개인이 정신분석도 받고 그럴 텐데,

우리는 소주를 마시거나 나꼼수 같은 것을 보면서 해방감을 느끼는 거죠. 그런 것이 나쁠 것은 없지만, 그것만 가지고 자본주의를 무너뜨릴 수는 없잖아요. 공부도 좀 했으면 좋겠는데, 그 부분이 빠져 있어요.

비정상적인 체제의 피해자들

좌파의 비분강개라고 표현하셨는데. 일종의 '우리 안의 파시즘' 같은 것들이 좌파 내부에도 있지는 않았나요?

한국뿐만 아니라 비슷한 문제는 모든 좌파 운동에서 일어났습니다. 폭력성으로 보자면 70~80년대 이탈리아는 한국보다 훨씬 더 폭력적이었습니다. 한국에서는 간헐적인 죽음들이 있었지만, 이탈리아 같은 경우 '적색부대', 즉 초좌파적인 무장공격조직이 수백 명을 죽이기도 했잖아요. 주로 경찰 간부와 정치인을 납치, 암살하기도 했고요. 사실은 한국은 거기에 비하면 아주 비폭력적이었습니다. 그렇지만 실제로는 반성해야 할 부분이 많습니다. 체제는 모두를 피해자로 만들거든요. 아내를 잃고 나서 주색잡기, 술과 섹스 없이는 하루도 버틸 수 없었던 박정희라는 사람도 스스로가 만든 독재 체제의 피해자 중 한 사람이기도 했고요. 무소불위의 권력을 휘두르는 이건희

> 아내를 잃고 나서
> 술과 섹스
> 없이는 하루도
> 버릴 수 없었던
> 박정희라는 사람도
> 독재 체제의 피해자

가 탈인간화될 수밖에 없는 상황에서는 그도 피해자거든요.

어떻게 보면 비정상적인 체제는 모두를 피해자로 만드는 부분이 있어요. 80년대 말, 90년대 초반의 프락치들도 체제의 피해자들이었거든요. 상당수가 가난한 집안 출신이라 경찰들에게 포섭당해서 프락치를 해주면 돈을 주겠다, 출세를 보장해주겠다는 유혹에 넘어가서 못된 짓을 하다가 동료들에게 맞아 죽은 경우도 있지 않았습니까? 프락치들도 피해자라는 인식을 가지고, 그들을 자비심으로 대하고, 때리지 않고, 위로하고 풀어줬다면 민중들한테 훨씬 더 감동을 줬을 것 같습니다. 그러니까 좌파한테도 '체제가 위에서도 밑에서도 피해자를 만든다, 우리한테 해를 끼치는 프락치들도 결국엔 피해자다', 이런 도량, 이런 그릇, 이런 의식이 있었다면 훨씬 좋았을 것 같습니다. 하도 병영국가라는 비정상적인 상황의 좁은 공간에서 너무나 많은 억압을 받고 활동하다 보니까 아량이 없었죠. 피해자로 자비롭게 볼만한 여유가 없었고, 그러다가 좌파 자신이 병영화되었죠. 군인들만큼 잔혹해질 때가 잦았고……. 어떻게 보면 좌파 운동의 오점이자 많이 반성해야 할 부분입니다. 지금 병영국가도 – 아주 느린 속도이긴 하지만 – 조금씩 바뀌고 있고, 더 이상은 과거와 같은 억압도 없어졌으니 좌파한테도 여유가 좀 생겼으면 좋겠다는 생각도 듭니다. 비분강개로만 일관될 것이 아니고, 반대편에 서는 사람들도 피해자라고 보고, 그들을 와락 껴안고 우리 편으로 끌어들일 만한 여유가 생겼으면 좋겠어요. 여태까지 한국 좌파들은 남 생각을 할 만한 여유를 갖지 못했습니다. 반성해야 할 부분이죠.

요즘 정부와 사회의 모순을 지적하는 사람들에 대해서 친북, 종북 좌파 이런 딱지를 너무 쉽게 붙이는데요.

친북 딱지라는 것은 한국 보수들의 전가의 보도인데요. 북조선이 남아 있는 한, 모든 내부의 반대자들을 북조선에다가 갖다 붙임으로써 무력화시키는 전략을 이미 1940년대 말부터 구사했기 때문에 굳이 새로운 것도 아닙니다. 59년도에 조봉암 같은 분들을 법살(法殺)한 것도 북한 간첩이라고 갖다 붙이고 살인한 거잖아요. 조봉암 선생은 사회민주주의자였고, 북조선과 아무런 관련이 없었고, 간첩도 아니었고, 친북한 적도 없고, 오히려 스탈린주의와 북조선 공산주의에 대해 이념적인 적대성이 많았거든요. 지금 조봉암 선생은 명예회복이 됐지만, 종북매도는 그때부터 시작해서 지금도 끝나지 않은 겁니다. 그런 것에 대해 우리가 어떻게 맞서야 하는가 하면 북조선의 실체에 대해서 어떻게 생각하는지 분명하게 얘기하고, 한국 민중들의 운동과 북조선 사이에 분명히 선을 긋는 게 중요할 것 같습니다. 북조선 민중들과는 연대해도 북조선 지배자들에게는 당연히 비판적일 수밖에 없다는 점을 확실하게 얘기해야 합니다. 물론 북조선 지배자들이 미 제국의 위협을 받는다고 하면 반제국주의 연대 차원에서 방어적 입장에 선 그들을 옹호할 수 있다고 하더라도 기본적으로는 북조선 내부의 계급적인 모순들을 어떻게 보는지 정확하게 얘기해야 합니다.

북조선 민중들과는 연대해도 지배자들에게는 당연히 비판적일 수밖에 없습니다

진보 지식인의 한계

"행동하지 못하고 체제에 편입된 지식은 그저 악의 도구일 뿐"이라는 말을 하신 적이 있는데요. 한국의 지식인들 대부분이 말은 앞서지만 실제로 행동에는 나서지 않는 경우가 많습니다. 요즘 선생님의 목소리가 커지는 이유가 거기에 있는지요?

저는 지식인이라는 말 자체를 불신합니다. 전혀 구체적이지 못해서 그렇습니다. 인텔렉추얼(intellectual)을 일본어로 직역한 것이 한국말로 들어온 셈인데요. 중국에서는 지식분자라고 하죠. 지식인이라고 얘기할 때 보통 누구를 의미하느냐 하면, 사회에서 나름의 위치를 차지하는 체제 내의 지식인을 이야기하는 겁니다. 가장 대표적으로 한국에서는, 이것도 웃기는 얘기지만, 지식인과 교수는 동의어처럼 되어 버린 것 같아요. 우리가 지식인 하면 맨 먼저 연상되는 것이 뭡니까? 교수 아니면 문인이죠. 문인의 상당수도 교수입니다. 거의 지식인=교수라는 이상한 등식이 만들어져 있는데요. 교수가 누구입니까? 결혼정보회사 사이트 들어가 보세요. 신랑, 신부의 위치를 맞춰주는 시스템까지 개발되어 있는데요. 신랑이 자기 신분을 입력할 때 어떤 급들이 서로 맞는가 하면 대기업 임원하고 교수가 같은 급입니다.

> 결혼정보회사 사이트에 들어가 보세요 대기업 임원하고 교수가 같은 급입니다

은행 가서 융자받을 때도 교수는 대기업 임원급으로 쳐주고, 신용대출을 하더라고요. 그러니까 대학교수는 수도권 대학, 특히 명문대 교수라

면 한국사회에서는 (월급이야 대기업 임원에 비해서 적을 수도 있지만, 세계적으로 봤을 때 절대 적지도 않습니다) 거의 귀족화되어 있는 존재고, 급여를 봐도 그렇고, 자기 의견을 내서 여론 형성을 할 수 있는 능력을 봐도 그렇고, 정부라든가, 대기업 이사회라든가, 방송 부문 등등에 진출할 수 있는 기회를 봐도 그렇고, 많은 면에서 지배층의 위치를 점하는 준(準)지배자의 위치에 있는 것이죠. 교수들은 노동을 안 해도 되는 위치에 있습니다. 강의 노동의 상당 부분을 강사들이 짊어지고 있고, 행정 노동의 상당 부분을 조교들이 짊어지고 있습니다. 교수가 하는 또 한 가지 노동은 논문 집필인데, 그것도 많은 경우에 본인이 아닌 다른 사람들이 하는 경우가 많습니다. 이렇듯 노동을 그다지 하지 않고도 사회적 위치를 점할 수 있는 상태다 보니까 지배층의 준(準)멤버로 봐야 하는데요. 그러면 그런 지식인들이 대체로 어떤 역할을 할지 빤하지 않습니까?

반면에 약간 반대되는, 대안 담론을 만들 수 있는 주변부적 지식인도 있습니다. 대학에서 진짜 무거운 노동을 짊어지고 있는 시간 강사들이죠. 지식의 수준으로 봐서는 제가 본 대부분의 대학에서 시간 강사들이 훨씬 더 똑똑합니다. 비교가 안 될 정도죠.(웃음) 학술적인 능력이나 이런 것을 봐도 교수는 강사에 미치지 못하죠. 문제는 무엇인가 하면 대안 담론을 만들 수 있는 강사들한테는 많은 제한이 뒤따릅니다. 그런 담론을 만들 만한 여유도 물리적으로 없고요. 매체 접근이 많이 차단되어 있죠. 주요 신문에서 칼럼을 쓰자면 강사보다 교수가 기용될 가능성이 높지 않습니까? 그런 것도 많이 차단되고, 강사 자신이 워낙 종속적인 위치다 보니까 튀는 이야기를 스스로 많이 삼갑니다. 튀는 이야기를 많이 하다 보면 영원히 교수가 되지 못하니까요. 그러니까 지식 사회의 구조를 보면 맨 위쪽을 구성하고 있는 것은 귀족인 지배자들이고, 밑에서는 노예들이 고생하고 있습니다. 그리고 그런 구조 안에서는 대안 담론을 만들 수 있는 여력이 별로 많지 않은 것이죠.

10년 전만 해도 지식인이라는 것이 체제에 비판적이어야 한다고 생각하는 분들이 많았던 것 같은데요. 예전에도 선생님을 비롯해서 홍세화, 진중권, 김규항 이런 분들이 잡지 활동을 같이 하기도 했고요. 그때는 그래도 목소리를 낼 수 있었고, 존중받았던 것 같습니다. 그런데 요즘은 대중들이 집단 지성 얘기하면서 '가르치려 들지 말라' 고 하고 그런 의미에서 비판적 지식인의 역할 자체가 많이 축소된 것 같은데요.

그게 여러 가지 이유들이 있습니다. 우리들이 잘못한 것이 많죠. 김대중, 노무현과 같은 자유주의 정권에 비판적인 지식인들이 자의든 타의든 복무를 많이 하지 않았습니까? 많은 비판적 지식인들이 정권 밑에서 일했는데, 꼭 그 정부에 들어가서 일하지 않더라도 정부의 싱크탱크에 속하거나 정부의 위탁을 받아 사업하거나, 이런저런 방식으로 자유주의 정부와 관계를 맺고 있었습니다. 노무현 정권이 신자유주의 정책 때문에 민심을 엄청나게 잃으면서 비판적 지식인들이 덩달아 자유주의 정권과 함께 몰락한 듯한 인상을 많이 주기도 했습니다. 대표적으로는 〈아웃사이더〉를 같이 했던 분들 중에서 시인인 노혜경 선생님 같은 경우 노무현 때 청와대에서 일했고, 또 시인인 김정란 선생님 같은 경우에는 정권과 형식적 관계는 없었지만 노무현 정권을 한 때에 적극 옹호했었고요. 상황이 이렇게 되다 보니까 대중들이 지식인을 신뢰하기가 어렵게 된 부분이 있었죠.

또 하나는 학계에 있는 지식인들이 신자유주의적인 규율의 적용을 훨씬 더 많이 받게 된 부분이 분명히 있습니다. 그러니까 요즘은 학교에서 일단 정규직 되기도 무척 힘들지만, 정규직이 되어도 더 이상 철밥통은 없고, 계속해서 승진하지 못하면 쫓겨나야 하고, 승진하자면 여건이 강화되어서 요즘은 대중적 저서를 쓸 겨를이 없어요. 영어 논문도 써야 합니다. 영어 논문을 쓰지 못하면 쫓겨나야 되고, 체제가 지식인들을 훨씬 더 타이트하게 관리하는 거죠. 비판적 지식인들이 대중들과 소통할 시간도 여력도 없습니다. 그러니까 체제의 지식인 관리 방식이 교묘해지고, 다양해지고, 일부 비판적 지식인들이 노무현 정권 등등과 협력함으로써 위신을 떨어뜨리는 등, 여러 가지 이유들이 있는 겁니다.

이상한 나라의 도둑 소굴

비례대표를 수락하셨다는 기사가 나면서 한 포털사이트에서 모처럼 진보신당이 인기검색어 1위를 차지했습니다.

지금 돌연히 뉴스가 됐다고 해서 장기적인 인기로 이어지는 것은 꼭 아니겠지만, 하여간, 당에 조금이라도 도움이 된다면 다행입니다.(웃음) 홍세화 선생님이 비례대표에 나서지 않겠냐는 메일을 주셨어요. 아주 장문의 편지를 주셨는데. 선생님 말씀대로 국내에서 '진보'에 대해서 적어도 표면적으로 관심과 애착을 표명하는 지식인들은 수두룩하게 많지만, 보이지 않는 엄청난 '노동'을 필요로 하는 진보정당의 조직 작업에 선뜻 나서려는 분들은 매우 드뭅니다. 아

> 진보정당의 일은 성공에 그다지 도움이 되지 않기에 입으로는 진보적인 이야기를 해도 몸을 사리죠

마도 "가족을 위해 남들과의 경쟁에서 당신부터 성공하라"고 주문하는 우리 국시(?) 격의 경쟁 이데올로기가 수많은 지식인들의 내면에 각인돼 있는 것 같습니다. 진보정당의 일은 각자의 '성공'에 그다지 도움이 되지 않기에 사람들은 입으로는 '진보적'인 이야기를 해도 몸을 사리는 경향이 뚜렷하죠.

이러한 사회적 사정을 배경으로 해서, 홍세화 선생님이 매우 어려운 상황에 처해 있는 당에 대한 책임을 지시고 당 조직을 위한 노력을 해주시고 계시는 데에 대해서 저는 매우 깊은 존경심을 표명하고 있었습니다. 그래서 말씀하신 '비례대표 후보'가 되는 것을, 저는 크나큰 영광으로 생각하여 매우 기쁘게 받아들였습니다. 저야 당연히 여의도와 하등의 인연이 없어 그쪽에 '갈' 생각도 애당초 없지만, 6번 후보가 됨으로써 저보다 순번이 먼저인 노동투사들이 국회에 가서 부르주아 정치의 중심을 연단 삼아 노동자들의 '목소리'를 전국적으로 높일 수 있는 가능성이 조금이라도 올라간다면, 저는 당연히 무엇이든 해 드리고 싶었

습니다. 다른 것보다도 후보가 되면 부르주아 언론들에서도 아마도 인터뷰 등의 기회가 주어져 당을 선전할 기회가 될 것 같기도 했고요.

만약에 진보신당이 일정한 지지율을 얻어서 국회의원 당선권이
되면 정말 국회의원을 하실까 그런 생각을 했거든요.(웃음)

제가 사실, 정말 큰 공포 중의 하나는 정말로 국회의원이 되면 어떻게 하나 하는 겁니다.(웃음) 너무 무섭습니다. 사실은 지금 하는 일도 대만족하고, 연구실 외에 어디 가는 것도 고통인데요. 이상한 인간들이 많이 모인 도둑 소굴 같은데 가서…… 정말 국회의원이 될 위험이 있다는 생각을 하면 겁이 나서 죽을 지경입니다.(웃음)

만약 그러면 운명이라고 생각하고, 휴직계를 내야 하는데, 정말 그렇게 되지 않기를 빌 뿐이죠.(웃음) 농담입니다.(웃음) 공포가 많았는데, 저는 일단 아마도 안 되리라고 생각하는데, 그래도 출사표를 던진 거죠. 아마도 미안해서 그런 것 같아요. 왜냐하면 여기 노르웨이라는 복지국가에서 살고 있고, 어떻게 보면 밖에 멀리 있으면서 한국 전체에 대해서, 실질적으로 한국 진보 정치에 큰 보탬이 되지 못했잖아요. 그래서 모종의 도움이라도 주고 싶은 거죠. 제가 여의도 가는 것은 절대 바라지 않지만, 비례대표로 나오는 다른 비정규직이나 여성 노동자들이 국회에 가서 노동계급을 위해서 일하기를 바라는 마음으로, 미력하나마 그들의 국회 진출에 도움을 주고 싶은 것이죠. 제가 거기 가서 할 일은 없을 것 같고요. 그들이 국회에 가서 노동자들을 위한 목소리를 높이면 우리 계

급의 단결에 도움이 될 것 같습니다. 실제로 해고를 당하고, 삼성전자에서 백혈병에 걸려서 죽어가고, 이런 노동자들한테는 실질적인 도움이 될 수 있으니까, 노동자 국회의원이 삼성한테 압력이라도 행사할 수 있을 것 같아요. 그런 것을 생각해서 하는 거죠. 저는 여의도 가는 게 악몽입니다. 정말 그럴 일이 생기면 악몽이죠.(웃음)

마지막으로, 진보정당은 어떤 모습이어야 된다고 보십니까?

우리는 기본적으로는 약자들의 정당입니다. 처음부터 그렇게 얘기해야 합니다. 경쟁 사회가 되다 보니까, 사람들은 약자 선언을 잘 못 해요. 다들 강자가 되고 싶고, 강자 선언을 하고 싶은 거죠. '나는 실력이 있다. 나는 이길 수 있다' 이게 우리 사회의 전체적 분위기입니다. 그런데 문제는 뭐냐 하면 이런 사회에서는 어차피 대부분이 약자로 남을 수밖에 없는 게 현실입니다. 가면 갈수록 약자의 수가 늘어만 가죠. 어쩔 수 없는 겁니다. 우리는 분명하게 약자들의 정당이라고 큰 소리로 얘기해야 합니다. 경쟁 사회에서 경쟁의 법칙으로만 생존할 수 없는 약자들을 위한 정당이죠. 약자라는 것은 노동자 계급보다 더 넓은 범주인데요. 노동자만이 약자가 아니기 때문입니다. 한국사회는 노동자 빼고도 약자들이 너무 많습니다. 아직은 노동자도 되지 못한 채 학습 노동에 시달리는 청년들이 있고, 살인적인 등록금에 시달리는 학생층이 있고, 누구를 고용하지도 못하고 혼자서 자영업 하다가 줄도산 당하는 자영업자들이 있고요. 노점상만 해도 수만 명이 있거든요. 그런 사람들은 노동자보다 약자예요. 또 노인이 있죠. 우리나라의 높은 노인 자살률은 세계에서 전례가 없어요. 여든 이상의 노인 같은 경우 만 명당 자살률이 160명이 넘어요. 그렇게 노인들이 스스로 많이 죽는 나라가 어디에도 없습니다.

그러니까 청년부터 노인까지 수많은 약자들이 있는 거고요. 우리들의 과제는 약자들이 숨 쉴 수 있는 비경쟁적인 체제, 경쟁이 아닌 협력을 위주로 하는 체제를 만들겠다, 이렇게 나서서 약자들에게 정당한 지지를 받아야 하지 않을까 싶습니다. 노동 계급도 그 중 하나지만, 약자는 더 포괄적인 의미인 거죠.

02

복지문제는
계급갈등이다

상위 1퍼센트의 돈을 가져와야 한다

무상급식, 반값등록금 등이 구체화되고, 보수정당들이 복지를 이야기하면서 애초에 복지를 주장하던 진보 측은 주도권을 빼앗기고 소외되어 있는 것 같은데요. 진보정당들이 대중들에게 복지에 관해 영향력을 높이지 못하는 이유는 무엇 때문일까요?

일단은 악순환이라고 보셔야 합니다. 좌파가 약하니까 복지를 얘기해도 실천하지 못할 거라는 이미지를 주죠. 새누리당이나 통합민주당의 경우 그들의 과거 행적이 대단히 문제가 있지만, 일단 수권 능력이 있어 보이고, 한번 집권하고 나면 뭔가를 할 수 있을 거라는 막연한 기대를 줄 수가 있고요. 덩치 큰 놈들이 복지 이야기를 한다면 일단 힘의 관계가 전부라는데 익숙해진 유권자들한테는 신뢰를 주는 부분이 있습니다. 사람들은 대체로 세상을 힘의 관계로 보잖아요. 일단 보수정당이 힘이 있으니까, 그들이 하는 이야기가 진지하게 들리는 거죠. 하지만 그들의 복지 공약 실천능력은 극히 제한되어 있을 겁니다. 왜냐하면 그들은 자본가들의 이윤을 보장하는 정당들이라 그 선에서 복지정책을 할 수밖에 없고요. 그렇기 때문에 급진적으로 할 수가 없습니다. 예를 들어 반값등록금 같은 것을 약속하지만, 그것은 제대로 된 복지라고 할 수 없습니다. 반값등록금을 했다가 지금처럼 해마다 등록금 인상률이 6퍼센트가 된다면 반값등록금은 금방 제자리로 갈 겁니다. 실제로 논의해야 하는 것은 반값등록금이 아니라, 어떻게 점차적으로 대학교육을 무상화시킬 수 있느냐 입니다. 새누리당이나 통합민주당은 그런 근본적인 이야기는 피하고, 결국에는 쉽게 실천될 수 있을 것 같은, 게다가 어느 정도 진행되다 보면 곧 별 의미가 없어질 공약 위주의 전략을 만들고 있죠.

복지라는 것이 재분배인데 상위 1퍼센트 내지 최고 5퍼센트의 돈을 가져와서 나눠줘야 합니다

좌파는 어떻게 해야 하는가 하면, 복지 이야기를 훨씬 더 진지하고 훨씬 더 철저하게 얘기해야 합니다. 복지를 실천하려면 자본가들에게는 훨씬 더 많은 세금을 부과해야 하고요. 부유세를 어떻게 도입해야 할 것인지 얘기해야 합니다. 복지라는 것이 재분배인데, 재분배하자면 상위 1퍼센트 내지 최고 5퍼센트의 돈을 가져와서 그 돈을 나눠줘야 합니다. 이런 부분은 1퍼센트의 횡포에 질릴 대로 질린 99퍼센트에게 충분히 어필할 수 있습니다. 복지문제는 어디까지나 계급갈등이라는 것을 은폐하지 않고, 계급갈등의 과정에서 대다수의 가난한 사람들이 승리할 수 있도록 이끄는 게 좌파 아닙니까? 그런 의미에서 오히려 계급 갈등적인 측면을 부각시키는 것이 좋지 않을까 싶습니다.

그리고 또 하나는 우리한테 복지는 시혜가 아니고, 사회 공공성의 원칙이어야 합니다. 원칙상 교육이라든가 의료는 시장의 상품이어서는 안 되는 것이죠. 탈(脫)시장화되어야 합니다. 어디까지나 필수적인 사회적 서비스를 제공하는 것이고, 관공서처럼 시민이 이용할 수 있는 공간이어야 합니다. 병원 장사 같은 것은 있을 수가 없는 거죠. 지금 우리나라는 삼성의료원부터 시작해서 병원들이 재벌화되고 이윤추구의 의료 행위가 상당히 두드러지는데 좌파는 그런 것을 막아야 합니다. 재벌들이 아직은 드러내놓고 침투하지 않는 부분 중 하나로 의료였는데, 결국 이 부분도 하나의 먹거리로 생각해서 침투를 노리고 있으니까요.

노르웨이 1,400시간 vs 한국 2,600시간

국민들은 아직도 복지를 국가가 베풀어주는 것으로 생각하는 경우가 많습니다. 기업이 국민을 먹여 살려준다는 것을 믿는 경우도 있고요.

우리를 살려주는 것은 엄청나게 무리한 노동이죠.(웃음) 대한민국 사람만큼 길게 노동하는 사람은 산업화된 세계 어디에도 없습니다. 통계를 봐도 평균적으로 1년에 2,200시간 정도 노동하거든요. 실제로는 일부

특근, 잔업시간 등이 통계에 잡히지 않으니까 약 2,500~2,600시간으로 추산되기도 합니다. 노르웨이는 1,400시간 정도 일합니다. 한국인들이 거의 두 배 노동을 하는 거죠. 우리를 먹여 살리는 건 결국 우리의 살인적인 노동인 것입니다. 그렇게 노동하다가 골병이 들고, 화병이 나고, 그러다가 50대가 되면 퇴물이 되다시피 하고, 노인이 되면 노동하다가 갑자기 일 안 하니까 무엇을 어떻게 해야 하는지 몰라 우울증에 빠지게 됩니다. 노동하다가 노동 능력이 없어진 노인들의 경우, 사회에서 주변화되면 자살률이 엄청나게 높아지죠.

그런데도 우리들은 "3,600시간 일해야 됐었을 걸, 내가 문제야" 하는 식으로, 어떤 어려움이 있을 때 국가에 무엇을 요구하기보다는 결국에는 개인적인 문제로 치부하는 경우가 많은데요.

우리는 어릴 때부터 잘못 교육받은 게 있어요. 파쇼적인 교육 체제에서는 아이들한테 착하다는 것을 굉장히 잘못 가르칩니다. 일반적으로 착하다고 하거나 말 잘 듣는다고 하는 것은 어른들이 시키는 대로 하는 거잖아요. 사실은 착한 것이 아니고, 복종하는 것인데 말이죠. 복종적인 것과 착하다는 것은 완전히 다른 의미입니다. 그러니까 우리는 어릴 때부터 '어른 말 잘 들으면 자다가도 떡이 생긴다' 든가 이런 이야기에 익숙해져 있는데 이게 바로 노예교육의 효과인 거죠. 사실은 어른들이 잘못하면 어른들한테 잘못했다고 지적하는 것이 착한 것이죠. 그런데 우리는 착한 것을 그런 식으로 설명하지 않잖아요.

국가는 권리를 가지고 있고, 우리는 의무만 있다고 생각하는 것에 익숙해진 거죠. 문제가 생기면 의무를 다하지 못해 그렇다고 쉽게 생각하죠. 만약에 우리가 국가주의적인 사고방식이나 기업주의적인 사고방식이 아니라, 민주주의적인 사고방식을 가지게 된다면 의무를 가지고 있는 것은 1차적으로 국가라는 사실을 깨닫게 될 것입니다. 국가와 개인은 어디까지나 계약관계이므로 1차적으로

어른들이 잘못하면 어른들한테 잘못했다고 지적하는 게 착한 것이죠

국가의 존재 이유는 개개인 국민에 대한 의무를 다하기 위해서입니다.

이미 개화기 때 장 자크 루소의 '사회계약설'이 소개됐음에도, 사고방식이 아직까지 여기에도 못 미쳐요. 우리는 국가를 일종의 개개인 인민의 계약에 의해 성립된 기관으로 보지 않고, 우리보다 더 의미 있는 일종의 전지전능한 기관으로 보는 거죠. 그게 참 아쉽습니다. 아직은 장자크 루소의 '사회계약설'도 통념화시키지 못했어요. 그런 것이 통념화되지 못한 사회에서 사회주의로 가기는 매우 어렵죠. 만약 이 상태에서 사회주의 쪽으로 간다면 잘못하면 말 그대로 북조선처럼 될 수가 있습니다. 그러니까 비민주적인 비자본주의 사회가 될 수 있는데, 이게 큰 문제인 거죠.

오슬로의 노비와 하녀들

> 진보에 속한 사람들 중에는 복지의 비전을 북유럽을 모델로 삼는 경우가 있습니다. 장하준 교수 얘기로는 스웨덴에서 복지 부분이 삭감되고 있긴 하지만, 그 차이가 크지 않다, 이를테면 60 정도 주던 복지 혜택이 55 정도로 줄어드는 거라고 하는데요?

물론 대한민국과 비교하자면 여전히 복지 천국에 가깝습니다. 신자유주의라는 것이 무엇을 의미하는가 하면 복지의 점차적인 삭감도 이루어지지만, 더 중요한 것은 체제의 가장 근본적인 원칙들을 조금씩 전복시켜나간다는 데 있습니다. 사민주의 국가, 복지국가의 근본적인 원칙이라는 것이 의료와 교육이 탈시장화되어 있다는 거잖아요. 그런데 스웨덴 같은 경우, 최근 십몇 년 동안 사립학교들이 아주 번창을 해서 현재는 10퍼센트 가까이 점령을 하게 되었어요. 거기서 어떤 현상이 일어나느냐 하면 미국하고 비슷하게 사립학교에는 우수한 학생들이 몰리고, 공립학교는 조금씩 떨어져 나간다는 겁니다. 미국하고 정도의 차이는 크지만, 그런 경향이 있다는 거죠. 물론 미국이나 한국과는 달리 기본요금은 국가가 대신 내주고 있습니다. 그렇다고 하더라도 학교의 점차적 사립화는 사민주의의 근간인 '기본적으로 모두 같은 교육을 받는다'는 것을 총체적으로 뒤흔드는 겁니다. 교육을 통한 사회 차별의 발생을 막는 것이 사민주의거든요. 그 부분이 조금씩 망가지기 시작했습니다.

또 하나는 종족화된 하급 노동자 계층이 크게 생겨버린다는 데 있습니다. 주로 외국인 노동자를 말씀드리는 건데요. 지금 노르웨이 총인구가 500만 명입니다. 그런데 지금 노르웨이에 와 있는 폴란드 노동자들이 12만 명이에요. 인구 비율로 봐서는 꽤 많은 거죠. 저는 출근할 때 보통 버스를 타고 가는데 20분도 채 안 걸리는 거리예요. 책을 짧게 즐길 수 있는 시간인데, 탈 때마다 옆에서 들리는 언어는 두 가지, 즉 폴란드어와 타갈로그어(필리핀 언어)입니다. 폴란드 말을 쓰는 사람들은 대개 건설노동자와 각종 수리공, 그리고 농번기에 일하러 온 노동자들인데요. 폴란드가 유럽연합에 편입되면서 유럽연합을 중심으로 한 유럽 경제구역에 가입돼 있는 노르웨이까지도 폴란드 노동자들에게 무비자 입국 및 특별 허가 없이 노동할 수 있는 권리를 부여했기 때문에, 이제 '폴란드인' 이란 말은 오슬로에서는 페인트공이나 수도공과 동의어가 돼버렸습니다.

폴란드인들이 대개 남성들로 대도시 건설 등 막노동 부문을 맡은 일종의 '막노동자 및 기술공 종족계급' 을 이루는 반면, 필리핀인들은 거의 다 여성으로 절대다수가 가사 노동과 육아 노동을 맡고 있는 '가내 노동자 종족계급' 이라고 보면 됩니다. 그들의 수를 정확하게 알기 어려운 이유는, 상당수가 공식 육아 견습노동자 비자가 아닌 관광비자로 와 있기 때문인데, 제대로 비자를 받고 들어오는 사람만 해도 1년에 1,200명 이상이랍니다. 그런데 제 육안으로 봐서는 실제 숫자는 이것보다 훨씬 더 높은 듯해요. '유럽인' 인 폴란드 노동자들은 노르웨이에서 사실상 무제한적으로 노동해도 되고 3년이 지나면 영주권

이제 폴란드인이란 말은 오슬로에서는 페인트공이나 수도공과 동의어가 돼버렸습니다

받고 7년이 되면 국적을 받을 수 있지만, 유럽연합 밖에서 들어온 육아 견습노동자들은 2년이 지나면 바로 무조건 출국해야 한다는 법이 있습니다.

유럽인으로 취급되는 폴란드인들은 보통 노르웨이어 과정을 무료로 다닐 수 있지만, 필리핀 육아 노동자들은 '임시 체류' 자격이기 때문에 무료 언어 학습은커녕, 다닐 시간도 별로 없습니다. '주인님'과 같은 집에 살면서 사실상 기상시간부터 취침시간까지 움직여야 하기 때문이죠. '주인님'의 귀한 아이가 일어나자마자 노동 시간이 시작되고, 아이가 9시에 자기 전까지 간간이 쉬는 시간 말고는 사실상 별로 휴식이 없어요. 보통 자신의 아이를 친척들에게 맡기고 이렇게 노르웨이에 들어오는 그들이 지옥 같은 노동을 해서 한 달에 받는 돈은 약 3천 크로네, 즉 600달러 정도입니다. 물론 숙식이 제공되니 그 돈의 대부분을 저축해도 된다지만, 악질적 착취라는 여론은 노르웨이 안에서도 팽배하죠. 물론 동네마다 조금씩 다르긴 하지만, 제가 사는 동네의 경우 약 30~40퍼센트가 이렇게 '외국 하녀'를 데리고 사는 듯합니다. 노르웨이 가정의 입장에서는 한 달에 3천 크로네라는 지출은 좋은 식당에 가족끼리 두세 번 갔다 올 정도의 금액밖에 안 돼서 돈이라고 할 수도 없기에 '하녀 고용' 결정을 다들 쉽게 내립니다. '하녀'를 집에 두면 그 집 식구들은 조선시대 양반만큼이나 자유인이 되죠. 솔거노비(率居奴婢)를 데리고 사는 양반이 부엌에 들를 일이 없었듯이, 필리핀 '하녀'가 있는 집에서는 아이를 유치원이나 학교에 데려가고 데리고 오는 일부터 식량 구입, 요리, 설거지, 청소까지 대체로 인간 기계가 된 '하녀'가 거의 다 하죠.

그 대신 노르웨이 부부는 문화생활이나 사회활동을 즐긴다거나 외국여행을 보다 자주 다녀도 되는 거죠. 청소기와 접시닦이로부터의 해방이라 할까요? 그렇게 해서 아이가 애정결핍에 걸릴 확률도 없지 않지만, 과거 상류층만 향유할 수 있는 생활양식을 즐기는 노르웨이 중산층은 대체로 그런 생각을 하지 않고 자아실현을 즐기는 거죠.

애정결핍에 걸릴 확률이 높은 건 오히려 '하녀'입니다. '하녀'가 그리운 고국에 두고 온 아이도 마찬가지거나 혹은 더 많을 테지만. 더군다나 그리운 고국이 이와 같은 노동자 수출로 인해 어떤 발전도 이룰 수는 없습니다. 외국에서 송금되는 돈으로 기존의 경제구조가 유지될 뿐, 총인구의 약 11퍼센트, 즉 일을 제일 잘하는 노동자의 상당 부분이 외국에 나가 있는 상태에서 보모나 간호사와 같은 숙련공 부족 현상이 심각해질 뿐이죠. 필리

> 필리핀 하녀의 유입으로 노르웨이 사람들의 하루하루는 편해지는 반면 필리핀은 여전히 가난의 늪에서 허우적거리죠

핀 '하녀'의 대량 유입으로 노르웨이 사람들의 하루하루는 편해지는 반면, 필리핀은 여전히 똑같은 만성적 가난의 늪에서 허우적거린다는 말입니다.

여기저기 공사장에서 사람들이 하도 폴란드 말을 많이 하기 때문에 저는 이제 폴란드 말을 알아듣는 경지에까지 이르게 되었어요.(웃음) 공사장에서는 국적을 가지고 임금차별을 노골적으로 하지 못하게 되어 있습니다. 아직은 기본적 상식이 남아있기 때문에 원칙상 동일노동, 동일임금이죠. 그렇다 하더라도 공사장에서 일하는 사람들은 거의 전부 비정규직입니다. 파견회사를 통해서 고용하는 거죠. 시간당 임금이야 비

숫할 수 있지만, 그렇다고 하더라도 갖가지 보너스 같은 것들이 인상 가능한 정규직 임금보다 낮습니다. 임금도 그렇고, 일단 불안한 노동이고, 오늘은 일이 있지만 다음 달 파견이 이루어지지 않으면 일이 없어지는 거죠. 대다수 비정규직은 노조에 가입할 여유가 없어서 많은 면에서 권리 침해를 당합니다. 또 주거 조건 등이 좋지 않습니다. 토박이들한테는 복지제도가 적용되지만, 외국 노동자들에게는 복지 혜택이 잘 적용되지 않습니다.

설중득녀기(雪中得女記)

복지 혜택에 관한 이야기가 나왔으니 말인데요. 작년에 따님이 태어났죠? 노르웨이의 육아나 복지 시스템은 어떤가요?

아주 아주 잘되어 있죠. 노르웨이는 출산율이 유럽에서 제일 높은 축에 속합니다. 한국보다 훨씬 높아요. 가임여성 1인당 1.9명 정도의 아이가 생기는데요. 물론 그것만 가지고는 인구 재생산이 안 되어서, 이민을 받아들이고 있기는 합니다. 우리 가족은 2011년 1월 3일 아침에 눈보라가 회오리칠 때 기다리고 기다린 끝에 '사라' 라는 이름의 딸을 얻었어요. 사라가 태어나기 전까지, 저는 산고를 치르는 제 아내를 바라보면서 고성(高聲)으로 알고 있는 모든 부처님과 보살들의 이름을 불렀습니다.(웃음) 아이 탄생이라는 걸 대개 세상 사람들은 경사로 알고 축하하는 풍습이 있지만, 이게 과연 어느 정도나 이치에 맞는지는 모르겠습니다. 생로병사란 원래부터 고해(苦海)인데다, 퇴락해가면서 언제 세계전쟁으로 번질지 모를 후기 자본주의는 그 태생적인 존재의 고통을 더욱더 증가시키기 때문이죠. 세상에 밑으로부터의 본질적 변혁이 일어나지 않는 이상, 사라가 살아갈 세계는 고갈돼가는 자원을 놓고 서로 패권싸움을 벌이는 열강들의 세계, 환경 파괴가 본격화되는 세계, 자본이 국제화되는 만큼 노동이 지속적으로 불안해져 가는 세계일 것입니다. 그런데, 아이 탄생이 꼭 경사만은 아니더라도 인생의 분수령과 같은 아주 특별한 일임에는 틀림없습니다.

임신한 걸 확인한 뒤, 아내는 저희가 사는 지역의 보건소에 등록해서 정기적으로 검진을 받고 초음파 사진을 찍곤 했습니다. 물론 여기에는 저희들 개인 비용이라곤 한 푼도 들지 않았죠. 아내는 음악교사인데, 예상 출산 날짜에 앞서 3주 전에 학교에서 유급휴가를 받아 그때부터 완전히 출산 준비에만 전념하기 시작했습니다. 대체로 노르웨이 법으로는 출산 관련 유급휴가란 46주 정도입니다. 만약 월급의 80퍼센트에만 만족한다면, 56주로 늘릴 수도 있습니다. 그중에는 10주를 아버지가 받아야 하는데, 언제 받는가는 부부 사이의 합의에 따라 본인이 알아서 결정합니다. (노르웨이에서는 부부가 함께 휴가를 받기 때문에 출산휴가라고 하지 않고 부부휴가라고 부릅니다) 아이가 태어나면 직장에서 무조건 복지휴가라는 이름으로 2주의 유급휴가를 추가적으로 주니까 급한 불은 충분히 끌 수 있기 때문이죠. 아내의 경우에는, 출산 이전의 3주와 출산 이후의

6주는 의무적 출산 휴가에 속하기 때문에 그걸 제때에 받을 의무가 있습니다. 나머지 37주는 본인이 알아서 기간을 정해 받는 것입니다. 좌우간 본인이 마음만 먹으면 출산 3주 전부터는 직장 등을 다 잊고 거의 8개월간 아이를 챙기는 데에만 전념해도 되는 것이죠. 물론 월급도 그대로 받고 원래의 직장에도 당연히 돌아갈 수 있습니다. 그래서 저희들이 아는 현지인 부부 대부분은 아이를 두세 명씩이나 키우고, 아이 키우는 즐거움을 인생 최고의 낙으로 삼죠.

출산이 임박했을 때 저와 아내는 저희들이 사는 곳의 종합병원으로 가 출산과에서 방을 배정받았습니다. 이 나라에서는 절대다수의 남성 배우자들이 여성의 출산과정에 꼭 함께 하면서 이런저런 심부름을 해줍니다. 출산과에서는 남성 배우자에게까지 음식 등을 제공하는 것은 물론이고, 작은 도서실까지 다 갖춰져 있습니다. 출산을 준비하면서 문화생활을 하도록요. 저희들은 담당 간호사와 담당 의사도 배정받았는데, 간호사는 의사보다 나이와 경험이 꽤 많았습니다. 명찰에 명기돼 있는 직급명이 아니었다면 저는 그 둘 중에서 누가 의사이고 누가 간호사인지 아마도 몰랐을 것입니다. 서로 철저히 평등하게 대했으며, 오히려 의사는 경험이 많은 간호사에게 이것저것 물어가면서 자기가 맡은 일을 처리해갔습니다. 제 아내에게도 명령을 했다기보다는, "배에 힘을 실어주는 게 좋겠습니다", "제발 마지막 몇 분만 참아주세요"와 같은 방식으로 제안 내지 부탁을 했습니다. 막바지 출산 과정에 별 도움이 되지 않는 저는 아내 신음 소리를 들으면서 그저 산실(産室)의 구석에서 "옴마니바드메훔", "나무아미타불"과 같은 소리를 읊곤 했는데, 통성 염불이 없음에도 한 번도 의료진의 제지를 받은 바 없었습니다. 경험이 없어서 모르긴 하지만 과연 대한민국의 산부인과에서 그렇게 했으면 어떻게 됐을까 싶어요.

아이가 드디어 태어난 뒤에 아내가 휴식기에 들어가고 약 한 시간 지나서 저희 두 사람은 식사를 제공받았습니다. 탁자에 노르웨이 국기가 꽂혀 있었던 것은 저로서는 국민주의적 의례의 일종으로 꽤 흉해 보였지만, 그 힘들고 힘들었던 출산 과정에서 의료진이 보인 친절에 많이 감복했습니다. 출산 과정이 끝난 뒤에 저희 두 사람은 같은 병원 다른 층의 산후조리과 가족실로 옮겨졌습니다. 거기에는 통상 이틀에서 나흘까지 지내게 되어 있는데, 하는 일은 수유 훈련부터 산모와 신생아의 혈액검사, 황달 감염검사 등까지입니다. 역시 담당 간호사가 배정돼 언제든지 수유기술의 문제라든가 분유를 가장 효과적으로 타는 법이라든가 등등을 일대일로 상담받을 수 있어 초보 부모에게는 거의 '생존 훈련'에 가깝습니다. 음식은 하루에 네 번 나오는데, 대개 빵 등 분식 위주라 한국인의 식성에 잘 맞지 않지만, 산모에게 필요한 열량 등이 잘 조절된 것 같았습니다. 배식소에 가니까 대개 만나는 이들은 저와 같은 남성들이었습니다. 물어보니 산후조리과 가족실에서 남성배우자가 산모와 끝까지 같이 있는 것이 이곳에서는 통상적 관습이랍니다. 산후조리과에서 만나는 산모들은 대단히 피곤해 보였지만, 무한한 여유로움 역시 풍겨 왔습니다. 그들은 출산이라는 인생의 꼭대기에 올라가

병원에 왕래하면서 쓰게 된 택시요금까지 일정 부분 보상받았습니다

그 산행을 즐기고, 사방을 여유롭게 둘러보는 듯한 느낌이었습니다. 물

론 출산과도 산후조리과도 다 무료였습니다. 병원에 왕래하면서 쓰게 된 택시요금까지 사회복지 사무실에서 일정 부분 보상받을 수 있을 정도였습니다.

저는 노르웨이의 사회제도를 무조건적으로 찬양할 생각은 없습니다. 노르웨이도 세계자본주의 체제의 일부분이고, 노르웨이 사람들이 즐겁게 타는 자전거들을 만드는 중국노동자들에게 노르웨이의 풍요로운 복지제도의 이야기는 그림 속의 떡일 뿐일 것입니다. 하지만 그건 그렇다고 치죠. 기업들과 부자들이 세금만이라도 제대로 내고, 국민이 낸 세금을 4대강 죽이기와 북조선 동포를 죽일 무기를 사재기하는 데 쓰지 말고 민중의 기초적인 복지에 쓴다면, 이렇게 고통이 많을 수밖에 없는 출산도 어느 정도까지 즐겁고 여유로운 일이 될 수 있다는 말입니다. 물론 이 여유라는 것은 계급투쟁에서 나름의 성과를 쟁취한 노동자들에게 생길 수 있는 것이겠죠. 지배자들에게 '하사' 받는 게 아니고 싸워서 얻는 것입니다.

밥 먹을 의향이 없니?

우리나라에서 가장 바꿔야 할 영역은 교육이라고 많이들 말합니다. 노르웨이에선 최근 '숙제철폐운동'까지 벌어졌다고 들었는데, 노르웨이 교육은 어떻습니까?

여기 교육은 13년제예요. 초등학교부터 고등학교까지 13년간 교육받습니다. 한국처럼 수능이 있는 것도 아니고, 입학시험이 있는 것도 아니라서 학교 나름의 커리큘럼에 충실하고 시간도 충분하죠. 그래서 '숙제철폐운동'과 같은 운동이 가능합니다. '숙제철폐운동'은 특히 경쟁 교육에 미칠 대로 미친 한국에서는 이루어지기 어려운 과제입니다. 그런데 당장의 혁명은 어려워도, 진보세력들은 점차적 학습량, 학습시간의 감소 쪽으로 교육개혁의 방향을 트는 것이 맞는 것 같습니다. 지난 2011년에 노르웨이에서는 숙제철폐를 위한 학생들의 시위라든가 동맹 휴업, 즉 맹휴까지도 조직했습니다. 맹휴 참여는 한 시간 동안의 수업 참여 거부와 숙제철폐를 위한 서명 등으로 이루어졌는데, 참가 의사를 밝힌 학생 숫자만 해도 700개 학교 4만 명이었습니다.

숙제는 추가 학습노동으로서의 성격도 있지만, 무엇보다 계급적인 차이를 만들어내는 기제로서의 성격이 강하죠. 고백하자면 저만 해도 저녁마다 아홉 살배기 아들의 숙제를 도와주고 검토해주느라고 꼭 30~40분 정도 보냅니다. 저야 정신노동을 하니까 집에 와서 이런 추가 노동을 할 여력이 있지만, 8시간 동안 공사장에서 벽돌 나르고 나서 아이 숙제를 도와준다고 생각해보세요. 파김치 된 상태에서 숙제를 도와주다가 그냥 잠들어버리고 말 것입니다. 거기에다가 제 아내만 해도 아들의 노르웨이어 작문 및 문법, 맞춤법 숙제를 도울 능력이 거의 없는데, 비(非)서구 1세 이민자 학부모들이 다 그럴 것입니다. 결국 부모의 개인 코치를 받아 숙제해온 아동(저희 아들의 학급에서는 약 3분의 1 정도)들과 그렇지 못한 아동, 특히는 육체노동자, 이민자 가족의 아동들 사이에 적지 않은 학습능력 격차가 생기고 맙니다. 그 격차는 나중에 내신 격차로 이어지고, 내신 성적대로 대입이 이루어지는 노르웨이 상황에서 고인기 학과 진학 가능성의 차이로 또 이어집니다. 노르웨이 사회 상층부의 상당 부분은 법대 출신들로 이루어져 있는데, 법대에 진학하자면 내신이 꽤 좋아야 합니다. 한국도 아닌 노르웨이지만, 저숙련 저임금 육체노동자의 자녀들의 법대행은 매우 어려울 수도 있다는 것이죠.

숙제를 철폐하면 이와 같은 상류층, 중류 상부층의 아동들만의 '프리미엄'이 사라지고 그나마 어려운 환경에서 자라는 아이들에게 기회가 약간 더 주어지게 됩니다. 그리고 차라리 학교에 있는 시간에 아이들이 필요한 일을 다 하고, 집에서는 운동하고 놀고 보고 싶은 책을 보라는 겁니다. 공부하는 것이 학교에서만 할 수 있는 것은 아니잖아요. 사실 제 어린 시절을 생각하면 스스로 독서하면서 공부를 가장 많이 했는데요. 숙제는 그런 것을 방해하는 부분이 있죠.

또 한 가지 원칙이 있습니다. 학생도 학습노동자인데, 노동자는 노동하는 장소에서 노동을 해야지, 집에서까지 노동을 한다는 것은 학교에 의한 개인 시간의 식민화예요. 노동 시간과 개인 시간이 구별되어야 합니다. 그게 원칙이어야죠. 제가 글을 쓰거나 인터뷰하는 것도 대외 활동의 일종인데요. 주말에는 안 하잖아요. 아이들하고 같이 놀아야 하니까. 개인 시간과 노동 시간을 구별하는 것이 좋습니다.

물론, 기본적인 규율화 과정은 노르웨이에도 내재되어 있습니다. 수업 시간에 어느 정도 조용히 있어야 하고, 질서 있게 손들고, 선생님이 시키는 대로 따르고 하는, 그런 기본적인 것은 남아있습니다. 그리고 학교에서 가르치는 세계관은 물론 한국에 비해서는 훨씬 진보적이지만, 그렇다고 해서 노르웨이 학교에서 세계 체제의 불평등이라든가, 노동자에 대한 잉여가치 착취라든가 하는 것을 가르치지는 않습니다. 그러니까 어떻게 보면 학교에서는 이 사회를 대체로 있는 대로 받아들이는, 이 사회의 구성원을 만든다는 부분은 분명히 있는데요. 한국하고 다른 부분이 있다면 무조건적인 복종을 가르치지 않는다는 거죠. 선생이 학생한테 명령을 잘 못하고, 제안을 하죠. 유치원에서도 그렇습니다. 보모들이 밥 먹으라고 못합니다. 보통 "밥 먹을 의향이 없니?" 하죠.(웃음) 가정에서도 그렇게 하게끔 적극적으로 권장하는 거예요. 그러니까 무조건적인 복종을 절대 가르치는 것이 아닙니다.

또 한 가지가 뭐냐 하면 아이들끼리 친하게 지낼 것을 강조합니다. 폭력 방지 같은 것을 많이 하고요. 제 아이의 숙제를 검토하느라 학교 교과서를 다 읽었는데요. 나름대로 다양성에 대한 교육 같은 것도 잘하는 것 같아요. 지금 제 아이는 사회 교과서를 통해서 유대교, 불교, 힌두교, 기독교, 이슬람교, 세계 주요 종교에 대한 특징을 거의 다 배웠어요. 아홉 살밖에 안 된 노르웨이에 사는 아동이 힌두교라든가 이슬람교에 대한 기본적인 지식을 이미 획득하는 거죠.(웃음) 대한민국 초등생이 과연 이슬람에 대해서는 얼마나 배울까 싶어요. 다양성에 대한 존중 같은 것을 배운다는 점에서 노르웨이 교육에 배울 점도 분명히 있는 것 같긴 합니다.

유치원에서도 그렇습니다 보모들이 밥 먹으라고 못합니다 보통 밥 먹을 의향이 없니 하죠

기본소득을 '허' 하라

지난 2011년에 시나리오 작가 최고은 씨가 돌아가셨습니다. 달빛요정역전만루홈런이라는 뮤지션도 갑작스레 뇌출혈로 사망한 후 어렵게 살아온 것이 알려져서 사람들을 안타깝게 했는데요. 사람들의 인식도 문제인 것이 문화적인 일을 하는 사람들의 일을 노동으로 취급하지 않는 경향도 있고, '자기 좋아해서 하는 일인데' 하는 식으로 치부해버리는 경향도 있습니다. 그런 젊은 예술가들에게 최소한의 생계비 지원을 해줘야 한 나라의 문화도 발전하고 다양해질 텐데요.

바로 얼마 전 일인데도 벌써 망각된 것 같아 안타깝네요. 이런 일들이 망각되면 안 되거든요. 한국사회는 끔찍한 사회입니다. 피고용자들 중에서도 상당수가 고용 보험이 없습니다. 자영업자는 애당초부터 없고요. 내일 일이 없으면 모레 굶어야 하는 것입니다. 우리가 미래 사회라든가, 사회주의, 공산주의, 이런 얘기할 때, 바람직한 미래 사회의 가장 중요한 특징이 이런 것 아닐까요? 사람이 자기가 좋아하는 일 하면서 굶어 죽을 걱정이 없는 것 말이죠. 그게 유토피아 아니겠습니까? 각자가 자기실현의 차원에서 하고 싶은 일을 하면서 사회가 그것을 지지해주고 먹여주고, 어느 정도 기반을 대줄 수 있다면 그거야말로 미래에서 가장 바람직한 사회일 것입니다.

> 사람이 자기가 좋아하는 일 하면서 굶어 죽을 걱정이 없는 것 그게 유토피아 아니겠습니까

한국 같은 경우에는 대중들이 접할 수 있는 문화는 어느 면에서는 척박하고, 잘 보이지 않고 그렇습니다. 한국인들의 평균 독서량이라든가, 극장 방문 횟수, 미술 전시회 방문 횟수, 이런 것은 유럽에 비해서 굉장히 낮은 편입니다. 여유가 없거든요. 그런 것을 쉽게 접할 수 있는 공간들이 있는 것도 아니고, 극장들 같은 경우 한군데 많이 몰려 있지만, 다른데 사는 사람들이 시간을 내서 가는 것이 쉽지 않고요. 그러니까 보수 정치권에서는 선진화, 선진화 주문을 외우고 있지만, 진짜 선진국의 특징이 뭐냐 하면 문화에 대한 접근성이 좋다는 겁니다. 우리는 이런 차원에서 본다면 아직은 한참 떨어지는 거죠.

프랑스 같은 경우 젊은 예술가들을 지원하는 제도들이 있다고 하던데요. 노르웨이는 어떻습니까?

당연히 있죠. 노르웨이는 예술인, 미술인 누구에게나 기본소득이 보장됩니다. 기본적인 몇 가지 실적만 있으면 최소임금에 상당하는 기본소득을 국가가 대주는 겁니다. 그렇게 하지 않고서는 예술이나 미술의 발전을 장기적으로 지속화할 수 없습니다. 선진국이라는 것이 존재한다면, 그것이야말로 선진국의 개념인 거죠.

지금 우리나라에서도 기본소득 개념을 이야기하고 있는데, 별로 잘 먹히지 않는 것 같아요. 노르웨이의 경우 어떤가요?

노르웨이에서는 일반적으로 국가가 지급하는 일당 수당이라는 개념이 있습니다. 기본적으로 그 누구도 굶어 죽는 것은 안 된다는 것을 전제로 합니다. 그게 상식이잖아요. 일을 어느 정도 하다가 실업 상태에 빠진 사람의 경우에는 실업수당이 있고요. 대개 월급의 60퍼센트 정도 됩니다. 그리고 공무원 연금 같은 경우에는 여태까지 벌어들여 왔던 임금을 평균화시켜서 그것의 60~70퍼센트 정도는 연금으로 나오는 겁니다. 실업수당이라는 것이 무제한적이지는 않지만, 실업수당을 주는 기간이 끝나면 방금 이야기한 일당 수당이라는 것이 주어집니다. 하루하루 수당, 그것이 최저의 생존비용이죠. 일이 없더라도 사람은 살아야 하니까, 최저 생존비용을 국가가 무제한으로 줍니다. 일 찾을 때까지 그냥 주는 겁니다. 그 최저 생존비용 가지고는 잘 살 수는 없지만 어쨌든 먹고살 수는 있죠.

언제부터 실시된 겁니까?

정확하게 기억은 못 하지만, 1950년대 초반이 아닌가 싶습니다.

한국전쟁 무렵이네요.

그런 것이 없으면 불안사회, 위험사회가 될 수밖에 없어요. 노르웨이가 좋은 점이 있다면 그 누구도 굶어 죽지 않을 보장을 국가가 해준다는 거죠.

기본소득을 보장받기 위해 많은 투쟁들이 있었을 것 같은데요?

노르웨이는 19세기 말에 대중적 좌파정당이 만들어졌습니다. 노동당이 었죠. 1919년 코민테른이 만들어지고 나서 노르웨이 노동당이 거기에 가입까지 했습니다. 초기에는 혁명을 지향하는 급진성이 보였던 것이 죠. 나중에 코민테른하고 무산계급 독재문제 등등의 여러 문제로 결별 하게 됐지만, 60년대 말까지 노동당은 상당히 급진적이면서도 대중적이 었습니다. 40년대 후반까지 공장 노동자 중에서 80~90퍼센트가 노동 당을 찍었거든요. 말 그대로 계급투표를 정확하게 했던 거죠. 당시 노동 당은 전국적인 노총과 조직적인 관계가 있었고, 원칙상 노동조합에 가 입하는 동시에 노동당 당원이 되는 제도가 그때만 해도 있었습니다. 지 금은 없지만요. 그리고 노총이 노동당에 정치비용을 대주고 있었습니 다. 그렇게 해서 30년대에 노동당이 총자본을 강력하게 압박하기 시작 했고, 대공황 이후에는 많이 강화됐습니다.

이미 30년대에 노동당이 최초로 집권하기 시작했으며 40년대에 파 쇼들한테 점령당했을 때도 노동당 정부였습니다. 결국에는 전쟁이 끝나 파쇼들이 쫓겨나고, 그다음에 좌파적인, 민주적인 열기가 일어나고, 그 파도를 타서 노동당이 다시 집권해서 상당히 강력한 명분을 가지고 총 자본을 압박해서 여러 가지 복지제도를 시행했습니다. 우리가 그 과정 을 그대로 따라간다고 하는 것은 상상할 수도 없는 일이지만, 우리 나름 의 방식대로 강력한 좌파정당이 총자본을 압박해서 적어도 아까 말씀드 린 기본소득 보장이라는 것을 쟁취해야 합니다. 그래야 최고은 씨처럼 굶어 죽지 않도록 민중의 생존보장 같은 것을 쟁취할 수 있습니다.

국가의 야만

자살 공화국이라는 말이 나올 정도로 OECD 국가 중에서 자살률
이 가장 높은 국가입니다. 학교폭력도 더욱 문제 되고 있고요. 그
런데 정작 국가는 이에 대해 어떤 노력도 기울이지 않는 것 같습
니다.

우리는 참 재미있는 사람들이에요. 예를 들어서 국가와의 관계에서는
개인이 굉장히 양보를 많이 합니다. 국가가 평양에 사는 노모한테 편지
쓰지도 말고 전화하지도 말라고 명령한다면, 노모보다 국가가 더 위에
있는 거죠. 우리는 복종합니다. 진짜로 편지 안 쓰고, 전화하고 싶어도
못하죠. 전화연결 자체가 안 되니까요. 그러니까 이산가족 문제 같은 데
서는 개인의 인권이 완전히 밀리면서 국가 지상주의로 국가의 방침에
따라 움직이는 것인데요. 국가와의 관계에서는 개인이 굉장히 약하고,
자기 인권 의식도 약하고 그렇지만, 개인 생활에 대해서는 갑자기 개인
본위로 옮겨갑니다. 국가와의 관계에 있어서 개인은 무력해도, 생활에
서는 어떤 일이 닥치더라도 개인 책임으로 돌리지 않습니까? 이건 말도
안 되는 거죠.

예를 들어 학교폭력도 그렇습니다. 학교폭력이 발생되는 이유는 불 보듯 명확한 것이죠. 아이들이 과중한 학습 노동에 시달리고 있고, 학습 노동이라는 것도 경쟁적으로 조직되어 있어서 아이들 사이에 상호 간의 질투, 적대감, 불신이 조장되어 있고요. 거기에다가 부모들이 세계 최장 노동시간 때문에 아이들을 돌볼 여유도 없습니다. 아이들한테 애정 표현을 하거나 따뜻하게 돌봐주는 문화 자체가 최장 노동시간 등으로 인해 많이 붕괴되어 있어요. 그런 상태에서 애정 결핍과 각종의 급우들에 대한 적대감, 불신 등에 시달리는 아이들이 완력으로 우위를 다투기 시작하고, 약한 아이들이 폭력의 희생자가 되는 건데요. 이런 세상을 만든 것은 어디까지나 사회와 학교지, 아이들이 아니지 않습니까?

학교폭력이라는 문제는 사회의 문제고, 사회 전체의 문제이기도 하지만, 학습 노동을 과중하게 시키고, 학습자들 사이에 분위기를 잘못 잡은 것은 분명히 학교의 문제입니다. 폭력을 당하다가 자살한 아이보고 그 아이가 약해서 자살했다고 말하는 사람들도 있는데요. 이런 말하는 우리가 과연 인간일까요? 거의 동물적인 사고방식에 가깝지 않습니까? 동물들 사이에서는 암컷을 둘러싼 경쟁으로 수컷들끼리 싸우다가 한쪽이 죽어버리면 별 사고도 아니지만, 우리는 인간이지 않습니까? 학교폭력도 그렇지만, 자살 문제를 넓게 봐도 똑같은 논리입니다. 한국에서의 자살 동기를 분석하면 빤하거든요. 상당수는 생계비관 자살이죠. 먹고살기가 너무너무 어렵고, 가족도 제대로 부양하지 못하고, 그것에 대해 가장으로서의 책임을 통감하고 이

> 폭력을 당하다가 자살한 아이 보고 그 아이가 약해서라고 말하는 사람들도 있는데 이런 말하는 우리가 과연 인간일까요

러다 보니까 비관 자살을 하는 경우가 많습니다. OECD에서는 대한민국만큼 경제적 사정으로 인한 비관 자살이 많은 나라가 없어요. 대한민국이 독보적입니다. 노르웨이에서는 경제 사정으로 인한 비관 자살은 있을 수 없는 일입니다. 19세기에 있었을까 말까 하는 일이죠. 최근 20세기에는 들어본 적도 없거든요.

생계비관 다음 역시 빤하죠. 일단 사회 위계에서 갑자기 밀리게 되는 가장들의 열등감으로 인한 자살들이 많죠. 실직당하고, 일 찾지 못하고, 부인한테 미안하고, 아이한테 미안하고 그러다 보니까 자살해버리고, 먹고 살 수 있어도 자살해버리는 경우가 있는 겁니다. 경쟁에서 밀리거나, 밀릴 것 같아서 자살하는 경우가 있는 거죠. 배금주의적인 사회, 모든 것이 돈으로만 돌아가는 사회에서 직장 관계는 우승열패식이고, 가족에서도 따뜻함이 별로 없고, 가족이라고 해봐야 둘 다 일에 시달리고

노르웨이에서 자살이 있을 수 있다면 자본주의적 세계에 대한 허무감 혹은 실연과 같은 자살 정도가 아닐까요

따뜻하게 껴안을 여유도 없고, 이러다 보니까 애정결핍에 시달리다가 자살하는 거죠. 학생들 경우에는 성적 비관 자살이 많은데, 일본이나 대만, 중국, 한국 빼고는 어디서도 성적을 비관해서 자살했다는 말을 들어본 적이 없습니다. 노르웨이에서는 들어본 적이 없습니다. 19세기 노르웨이에도 없었고요. 사회적인 이유들이잖아요. 만약 그런 사회적인 이유들을 제거한다면 자살하는 사람들이 아주 극소수일 겁니다. 만약 노르웨이에서 자살이 있을 수 있다면, 자본주의적 세계에 대한 종합적인 허무감으로 인한 자살, 또한 실연과 같은 개인적 동기로 인한 자살 정도가 아닐까요? 이처

럼 아주 특별한 개인적인 상황으로 인한 자살이야 남겠지만, 그건 비율로 따지자면 아주 소수입니다. 우리나라는 특히 노인 자살이 세계에서 제일 많고, 자살률 성장 폭이 세계에서 제일 커요. 이건 개인의 문제가 아니라, 사회의 문제입니다.

재분배 없는 복지는 없다

한국사회의 복지국가의 가능성을 이야기하면서 '재분배형 국가' 로의 전환이 거의 유일한 해결책에 가깝다고 했는데요.

일단 세율이 높아져야 하죠. 부자들의 세율이 높아져야 합니다. 최고의 부자들 같은 경우 소득세가 노르웨이처럼 60~70퍼센트 정도 돼야 하고요. 그다음에 법인세를 적어도 일본 정도로 높여야 합니다. 40퍼센트 정도 되니까, 장기적으로는 한국 재벌들도 그 정도 사회적 책임을 져야 하고요. 각종 세제상의 특혜들을 장기적으로 없애야 합니다. 이렇게 마련한 재원을 여러 사회부문의 공공성 제고의 차원에서 사용해야 합니다. 교육 부문에서는, 지금 사립대학들이 전체 대학의 70퍼센트를 차지하고 있는데요. 사립대학의 공립화가 점차 진척되는 가운데 일단은 등록금이 단기적으로 낮춰지고, 결국에는 무상교육이 이루어지는 계획이 필요할 것 같고요. 다음에는 국민건강보험을 내실화시켜서 자기 부담을 점차적으로 최소화시키는 쪽으로 가야 할 것 같습니다. 그다음에 국민 중 절반이 주거 빈민들인데 공공 임대 주택의 신설을 통해서 이들의 상황을 장기적으로 풀어야 할 것 같아요. 적어도 이 세 가지 분야에서 그러니까 교육, 의료, 주거 분야에서는 시장보다 공공성이 훨씬 더 우위에 있어야 합니다. 거기다 일자리 창출도 상당 부분 국가가 책임져야 하지 않을까 싶고요. 특히 각급 학교 정규직 교사의 대대적인 증원이 필요하고, 사회복지 (특히 노후인구 부양, 육아 등) 부문 등에서의 새로운 공공부문 일자리 창출이 희망적으로 보입니다.

국민들의 불필요한 부담을 줄이는 차원에서는 남북 공동 군축을 통해서 조금씩 국방비 부담을 줄이고, 언젠가는 모병제 군대로 전환할 가능성을 만들어 나가야 하지 않을까 싶습니다. 당장은 불가능하다 하더라도 일단 군대 자체가 어느 정도 작아지다 보면 - 유럽의 대다수 나라들이 모병제로 전환된 상황을 보더라도 - 모병제도 가능하지 않을까 싶은 겁니다. 진보정당은 모병제에 상당히 방점을 찍어야 하지 않을까 싶습니다. 많은 젊은이들에게 군복무는 악몽 중의 악몽인데, 장기적으로는 이런 악몽을 진보 세력들이 제거하는 쪽으로 가야 하겠지요.

03

신자유주의, 끝없는
신분 하강을 강요한다

신자유주의의 최하층민들

지금 노동운동은 교착상태에 빠졌다고 할까요? 비정규직을 노동
운동에 끌어들이지 못하면서 여러 가지 문제들이 발생하고 있습
니다.

일단 노조가 너무나 배타적으로 비정규직을 배제하면서 소수의 이익집
단처럼 보수적으로 움직이다 보니까, 결국 그 노조한테 무슨 좋은 일이
생기겠습니까? 지난번에 현대자동차 비정규직 파업만 해도 그래요. 비
정규직들의 절망적인 투쟁에 정규직들이 중재만 하지 연대를 못하는 상
황에서는 정규직 노동조합에 대해 다수가 동감하기 힘들어지는 것이 사
실입니다. 정규직 위주의 조합들이 그런 것을 보고 뭔가 깨달아야 하는
것 같고요. 크게 봐서는 정규직 조합과 비정규직 조합이 따로따로 있다
는 것 자체가 말이 안 됩니다. 세계에서 그런 나라는 우리나라와 일본

외에 거의 없습니다. 우리의 기본 입장은, 일단 정규직 위주의 기존 대기업 조합들은 비정규직들을 가입시켜주어야 한다는 것이어야 합니다. 노르웨이 같은 경우는 정규직이든, 비정규직이든 노동조합이 철저하게 하나로 되어 있습니다. 이렇게 '따로국밥' 노동조합이 빨리 청산되어 고용형태와 무관한 통합조합이 출현하도록 해야 합니다. 그다음에 비정규직 양산의 주된 이유인 임금착취를 근절시키기 위해서는 동일노동, 동일임금 원칙의 철저한 실현을 위한 투쟁이 급할 것이고, 나아가서 계절노동 등 정규직화가 본래적으로 어려운 극히 일부 분야를 제외하고는 비정규직의 대대적인 정규직화를 위한 투쟁이 가장 핵심적일 것입니다. 비정규직이 노동자의 56퍼센트를 점유하는 나라의 인민은 행복할 수가 없으니까요.

> **따로국밥 노동조합이 빨리 청산되어 고용형태와 무관한 통합조합이 출현해야 합니다**

국내의 비정규직 문제뿐만 아니라, 우리나라 기업들의 해외 공장 비정규직 문제도 심각하게 대두되고 있습니다.

국내 자본은 내려가는 이윤을 잠깐이라도 회복시키기 위해서 국내 노동자, 특히 특권이 없는 비정규직한테 살인적인 노동을 강요하고 있고요. 또 한진그룹의 필리핀 조선소에서 보듯이 일부 기업들을 외국에 빼돌려서 거기에서 상상을 초월하는 착취 구조를 만들고 있습니다. 상당수 한국의 재벌들이 이전을 한다기보다는 계획적으로 차후 공장 신설을 외국에서만 하는 경우가 많은데요. 삼성전자 휴대폰을 보면 70퍼센트 이상은 해외에서 생산이 되거든요. 아예 공장을 해외에 짓는 것이죠. 삼성전자의 톈진 공장과 같은 해외 공장을 보면 노조를 설립하지 못하도록 온갖 노력을 다하고 있습니다. 현지법과 충돌하면서 까지요. 노동자에게는 최저임금에 가까운 임금, 그쪽에서 받아들일 수 있는 최저의 임금을 주는 거죠. 또 삼성은 최단기 계약, 3개월, 6개월 계약, 이런 식의 계약을 무기로 해서 되도록이면 늘 불안에 떠는 노동력을 아주 낮은 가격으로 착취하는 구조로 만들려고 하는 것입니다. 한진의 조선소에 비해서 산재 사망률이나 이런 것이 조금 낮을 수도 있지만, 기본적으로 상상을 초월하는 착취를 하고 있는 거예요. 애플 같은 경우는 직접 공장을 짓는 것이 아니고, 하청 공장인 팍스콘(이 대만 기업의 중국식 이름은 '홍해과기집단'鴻海科技集團)에다가 단가 내리기 압력을 해서 결국에는 팍스콘이 중국 노동자의 착취를 가능하게 만드는 것이죠. 팍스콘은 애플의 요구라면서 중국 노동자에 대한 착취를 합리화하고 있는 것인데, 단기계약도 문제지만, 군대식 노무관리가 무엇보다 문제입니다. 이것은 한국 지배층도 잘하지만, 대만인들도 아주 잘합니다. 대만이나 한국이나 군사화되어 있는 나라들이고, 대만기업인 팍스콘 같은 경우에는 군대식 경영으로 유명하죠. 노동자들에게 반성문 쓰게 하기, 면박 주기, 각종 벌주기 등을 통해서 극도로 규율화 되어 있습니다. 주거환경인 기숙사에서의 통제가 심하고, 군대식으로 공장을 운영하다 보니까 노동자들의 자살 사태까지도 초래하지 않았습니까? 애플이든 삼성이든 결국에는 중국의 저임금 노동력 착취로 이윤을 벌어들이는 것이고, 삼성전자 주식의 상당 부분은 한국인이 아닌 외국인이 가지고 있습니다. 이윤을 벌어들이는 것도 어떻게 보면 대한민국 국민을 위한다기보다는 국적하고는 전혀 관계없는 주주를 위한다는 것이죠. 상당 부분의 주식을 외국 투자 펀드들이 가지고 있는데, 삼성전자의 일부 주식은 노르웨이 국외의 투자 펀드도 가지고 있습니다. 그건 정말 국제화되어 있는 착취 구조죠.

그러니까 지금 우리 국민, 민중의 과제가 뭐냐 하면 이와 같은 국제화되어 있는 착취 구조에 맞서서 중국의 민중과 함께 어떻게 투쟁할 수 있는지 강구해 봐야 한다는 것입니다. 중국 같은 경우에는 작년에 혼다 파업처럼 외국에도 잘 알려진 파업이 일어나서 노동운동 고양기에 접어들고 있는데요. 이제는 우리가 어떻게 중국 민중과 같이 싸울 것인지, 심각하게 고려해야 하지 않을까 싶습니다.

사라진 노동의 꿈

여전히 자본주의에 대한 꿈을 버리지 못하는 정규직 노동자들이야말로 착취 구조의 자본주의를 공고하게 유지하는 데 큰 역할을 하고 있다는 생각이 듭니다.

한국 같은 경우 수많은 일반인들, 서민들이 오랫동안 파쇼적인 극우 반공 체제를 참아내고, 순응하고, 그 속에 끼어들어 가서 어떻게든 살아남으려고 했던 이유는 아이들이 나보다 잘살 거라는 믿음이 있었던 거겠든요. 나름대로 그 믿음이 근거가 없지는 않았어요. 60, 70년대에는 여공들의 엄청난 희생이 있었잖아요. 내가 희생되더라도 오빠한테 학자금을 줘서, 오빠가 대학 다니고, 화이트칼라라도 됐으면 한다, 그렇게 70년대 여공들은 몸을 바치고, 오빠들을 위해서 돈을 벌어주고 그러지 않았습니까? 80년대, 90년대만 해도 많은 노동자들의 꿈이 뭐였냐 하면 아이를 대학에 보내서 화이트칼라가 되게 하는 것이었습니다. 지금까지도 일부 대기업 정규직 같은 경우에는 대학 등록금 갚아줄 돈까지 기업으로부터 받을 수 있고 하니까, 말 그대로 화이트칼라 되기에 모든 것을 올인하고 있고요.

많은 노동자들의 꿈이 퇴직금 받고 작은 가게, 식당이라도 연다, 육십몇 살까지는 노동자지만, 그다음은 영세기업이라 해도 나도 사장님이 된다, 그런 꿈도 아직까지는 부분적으로 남아 있는 거죠. 그리고 정규직의 꿈이라는 것은 아직까지는 나는 사장님이 되고, 우리 아이는 대학교육 받고, 나처럼 고생하지 않고, 어디에선가 정규직으로 일했으면 한다, 이런 꿈을 가지고 있는 겁니다. 그러니까 아직까지도 자녀들의 사회적 신분상승을 꿈꿀 수가 있어서 자본주의 사회에 일말의 기대를 거는 거죠.

문제는 뭐냐 하면 가면 갈수록 이 꿈이 깨지게 될 거라는 것입니다. IMF 이후에 한국에서는 대학 입학 붐이 일어나서 세계에서 가장 높은 대학진학률을 보입니다. 일본 빼고는 그런 사회는 없어요. 고졸 중에서 85퍼센트 정도가 대학에 진학하니까요. IMF 이후에 노동자들 생활은 더욱 황폐해지지만, 아이만큼은 대학에 보내서 인간다운 삶을 누리게 하자는 꿈이 강해진 거죠. 그런데 문제는 대졸들 사이에서의 경쟁인데, 정규직은커녕 이렇다 할 만한 비정규직 일자리도 자기 전공에 맞춰 찾을 수가 없다는 것입니다.

한국의 가장 큰 문제는 엄청난 청년 실업과 유사 실업, 반실업 상태입니다. 여기서 유사 실업이라는 것이 뭐냐 하면 제대로 된 일을 찾지 못하고 이런저런 아르바이트를 전전하는 비공식 부문 근무와 같은 상태를 말하는데, 남유럽이나 남미 못지않게 한국에서도 분명히 두드러지게 나타날 겁니다. 윗세대 노동자의 희생으로 대학교육을 받은 다음 세대가 이 모든 고생을 통과해서 결국 얻을 것은 굉장히 불안한 비정규직으로서의 취직일 것입니다. 그것도 아주 잘 되는 경우에 한해서죠. 그러니까 신분상승의 길이 지금부터는 막힐 것이고요.

자본주의는 신분상승을 보장하지 않는다 반대로 우리들의 신분하강 이동을 강요한다

신분상승이 안 되는 세대, 소위 88만 원 세대의 아이들이 그것보다 더 나쁜 비정규직으로 배치될 겁니다. 그 시대나 그 아이들한테는 자본주의의 꿈이 없을 거고요. 그러다가 '자본주의는 우리들의 신분상승을 보장하지 않는다, 반대로 우리들의 신분하강 이동을 강요한다', 이런 것을 이해하게 되면 많은 것이 바뀔 것입니다. 그러니까 어찌 보면 시간의 문제인 거죠.

장하준 식 스웨덴 모델의 오류

재벌들의 독점적인 이익을 무너뜨리지 않으면 복지국가로 가기가 굉장히 어려울 것 같습니다. 그런데 손대기 쉽지 않은 부분이 많아요. '삼성이 곧 대한민국이다'고 생각하는 사람들도 많고요.

궁극적인 목표는 재벌의 국영화에 둘 수 있겠죠. 하지만 그것을 당장 달성하기는 어렵기 때문에 지금 달성 가능한 목표들을 몇 가지 두어야 합니다. 첫 번째는 재벌들이 일단 민주화되어야 합니다. 지금 우리나라는 민주화되었다고 해도 재벌들의 개인 왕국이자 재벌독재 국가입니다. 재벌 안에서 기본적 민주주의가 가능하려면, 삼성 같은 재벌이 당연히 노조탄압을 중지하고 노조설립을 허용해야 하고요. 노동자들의 경영권 참여를 쟁취해야 합니다. 비정규직이라 하더라도 대표자들을 뽑아서 경영에 참여할 권리가 있어야 하는 겁니다. 그래야 비정규직에 대한 악질적인 착취를 완화시킬 수가 있는 것이죠.

또 하나는 재벌들이 많은 면에서 반사회적이라고 할 수 있는데요. 그들을 친사회화시키기 위해서는 국가와 사회가 재벌 경영에 적극 개입해야 합니다. 재벌이 개인의 것이 아니고 투자자들의 것도 아니며 사회 전체, 인민 모두의 것이라는 기본적인 의식이 우리들에게 어느 정도 공고화되어야 합니다. 국가가 재벌 경영에 적극적으로 개입해서 없애야 할 목표로는, 중소기업에 부당한 단가 내리기 압력, 하도급 기업에 대한 착취와 같은 것들이 있습니다.

그다음, 고용의 비정규직화와 공장 해외 빼돌리기, 그러니까 필리핀 같은 데 가서 값싼 노동력을 살인적으로 착취하면서 한국 노동자들을 해고시키고 노동시장을 교란시키는 이중작전을 더 이상은 묵과해서는 안 됩니다. 이 두 가지는 국가가 개입해서 막아야 하는 것이고, 재벌의 경영은 투자자를 위한 경영이 아니라 사회와 노동자를 위한 경영으로 바꿔야 되는 것이죠. 박정희 시대 때 국민의 세금으로 만들어진 엄청나게 많은 공업시설을 개인들이 사유한다는 것은 있을 수 없는 일이죠. 궁극적으로는 재벌의 사유제가 폐지되어야 합니다. 그렇지 않으면 지금처럼 계속해서 비정규직을 착취하고, 공장을 해외에 설립해서 대한민국의 이름으로 해외 노동자들을 상상 이상의 착취로 죽게 만들 것이고, 계속해서 중소기업과 소비자들을 약탈하는 구조를 만들 것입니다.

장하준 교수 같은 경제학자는 스웨덴 경제모델을 주목합니다. 그래서 재벌들과도 사회적 대타협을 해야 된다고 제안하는데요.

장하준 선생은 경제학자이지 않습니까? 그분의 의견은 어떻게 보면 경제학의 일반론에 의거한 의견이라고 봐야 할 것 같습니다. 경제학적으로 봤을 때는, 사실 자본가들한테 노동자의 임금이 조금씩 오르고 구매력이 커지는 것이 좋은 것이거든요. 그래야 내수경기가 좋아지고, 자본한테도 뒷받침이 되는 겁니다. 결국 그분이 말씀하신 대타협이라는 이야기가 그 이야기죠. 자본은 어느 정도 임금인상을 보장해주고, 노동자들은 지나친 파업을 자제해주고, 그렇게 해서 양쪽이 양보해서 산업 경제의 점차적인 발전을 보장해보자는 그런 말씀 같습니다. 경제학 입장에서는 매력적으로 볼 수 있는데, 문제는 두 가지입니다. 하나는 정치적인 문제인데요. 그분이 정치보다 아무래도 경제에 중점을 두시다 보니까, 정치적인 문제를 간과하신 것 같고요. 또 한 가지는 경제 주기의 문제죠. 그런 타협이 과연 어느 시점에 가능하냐 하는 부분입니다.

첫 번째 문제부터 고찰해봅시다. 정치적으로 타협이 가능하자면 양쪽의 세력이 엇비슷해야 하거든요. 그러니까 스웨덴에서 대타협이 이루어진 1930년대 중반 사민당은 국내 제1당 위치에 있었고, 다수의 근로자들이 조합화되어 있었으며, 노조는 전국적으로 영향력 1위 집단이었습니다. 이처럼 양쪽의 힘이 비슷해야 타협다운 타협을 이루어낼 수 있는 거죠. 지금 대한민국의 상황을 보면 한쪽에만 힘이 몰려 있고 다른쪽의 힘은 너무 빠져 있습니다. 민주노총이 총파업을 한다고 해도 대한민국을 마비시킬 수 있겠습니까? 총파업, 총파업하는데, 1997년 이후는 총파업다운 총파업도 없었습니다. 제대로 된, 위력적인 힘을 가진 총파업도 없었던 셈이죠. 남유럽하고 비교하자면, 거기의 총파업이 훨씬 더 위력적입니다. 온 나라가 마비되죠. 2011년 11월 포르투갈의 총파업이 그랬었습니다. 완전히 마비되죠. 비행기가 안 뜨고 기차가 서고 며칠 동안 아무것도 돌아가지 않았는데, 우리는 그런 것을 상상할 수가 없습니다. 그러나 한국은 노동자 쪽의 힘이 너무나 약해서

> 스웨덴에서 대타협이 이루어진 1930년대 중반 사민당은 국내 제1당이었고 노조는 영향력 1위였습니다 이처럼 양쪽의 힘이 비슷해야 타협다운 타협을 이루어낼 수 있는 거죠

아직까지 이런 대타협을 이끌어 낼만한 힘도 없고, 만약에 억지로 타협

을 하자면 타협이 아니라 항복이 될 위험이 너무 크다는 거죠. 그러니까 삼성이라든가 대기업들은 우리 쪽의 항복이야 기꺼이 받아주겠지만, 우리하고 타협할 것 같지는 않습니다. 우리가 힘을 키워야죠. 노조 조직률을 높이고, 노조의 정통성을 높이고, 진보정당을 강화시키고 이러다 보면 언젠가는 자본하고 평등하게 힘을 겨룰 수 있는 시점이 오지 않겠습니까?

이게 한 가지 문제이고, 또 하나의 문제는 스웨덴의 대타협이 이루어진 것은 대공황 시절이었고, 그것이 실효를 거둔 것은 전쟁과 전쟁 이후이지 않습니까? 제2차 세계대전 동안과 그 후인데요. 그때는 새로운 자본의 주기가 시작된 시기라, 일단은 이윤이 비교적 높았고요. 내수가 전혀 충족이 되지 않았기 때문에 내수를 충족시켜 나가면서 노동자 임금을 조금씩 올릴만한 여지가 남아있었습니다.

지금 스웨덴 상황을 보시죠. 스웨덴도 신자유주의 광풍을 몹시 아프게 맞고 있습니다. 상당 부분의 공업이 밖으로 빠져나가고 있고, 제조업 중에서는 자동차 산업이 엄청난 위기를 맞으면서 사브(Saab) 같은 자동차 회사들이 폐업 위기에 몰려 있습니다. 그러니까 전 세계적인 과잉생산 위기가 스웨덴 역시 강타하고 있는 것이죠. 과잉생산, 그러니까 자본주의가 발전하며 필연적으로 나타나는 주기마다의 말기적인 위기 상황에서 자본들은 신자유주의적 정책을 통해서 하락하는 이윤율을 회복시키려고 하고 있는데요. 이런 처방은 단기적으로는 약간은 회복이 되어도

> 스웨덴도 신자유주의 광풍을 몹시 아프게 맞고 있습니다 자동차 산업이 위기를 맞으면서 사브 같은 자동차 회사들이 폐업 위기에 몰려 있습니다

장기적으로는 회복시키기가 어렵습니다. 거기에 스웨덴 보수 내각이 각종 개악을 하고 있습니다. 연금제도를 개악하고, 실업수당도 개악하고 있습니다. 그러니까 스웨덴도 신자유주의 광풍을 맞고 있는 것이죠. 물론 대한민국하고 정도 차이는 있지만, 지금같이 신자유주의라는 괴물을 어쩔 수 없이 맞닥뜨리고, 자본주의 경제 발전 주기 말기의 과잉생산 위기의 상황에서 대타협을 추상적으로 제안하는 것은 시기적으로 맞지 않다는 생각이 듭니다.

자본가를 배제하는 기업에 대한 희망

한진중공업 농성을 보면서 어떤 생각이 드셨습니까? 김진숙, 송경동 같은 분들에 대해 이른바 '올드레프트의 귀환'이라는 표현도 하셨잖아요. 노동자와 시민의 결합이 아름다웠다는 평들이 많있는데요.

그게 우리의 희망이죠. 하지만 노동자와 시민을 구분한다는 것도 문제입니다. 노동자라고 얘기할 때는, 보통 조직노동자, 노조원을 얘기하죠. 그러나 시민이라는 분들도 알고 보면 자영업자가 아닌 이상, 대개는 비정규직 노동자들입니다. 노조에 들어가지 않거나, 노조에 들어가도 활동하지 않는 사람들을 많은 경우에는 시민이라고 부르죠. 또한 시민은 소득수준이 육체노동자보다 조금 더 높은 정신노동자인 경우가 많죠. 한국은 조직노동자들이 소수입니다. 전체 근로자 중에서 9퍼센트밖에 안 돼요. 전체 근로자도, 사실은 산업화된 국가 중에서는 피고용자의 비율이 가장 낮은 축에 속합니다. 자영업자가 거의 30퍼센트가 되니까요. 그러니까 전체 인구에서 조직노동자가 극소수인 거죠. 특히 여성근로자 중 조직노동자는 더더욱 소수입니다. 6퍼센트 정도죠. 그런 상황에서는 시민, 즉 미조직 노동자와의 연대는 생명입니다. 그런 연대가 없이 조직노동자들의 힘만으로는 아무것도 할 수 없습니다. 그런 의미에서 지난번에 희망버스에서 볼 수 있었던 조직노동자와 시민의 결합은 앞으로 운동이 가야 할 가장 바람직한 방향인 거죠.

　　해외 생산공장을 늘리는 것이 결국 본국과 해당국의 노동자에게
　　불이익을 가져다 주는데요. 어떻게 대처해야 할까요?

필리핀에 공장을 짓는 것은 한국 노동자들한테도 안 좋지만, 필리핀 노동자들한테도 좋을 게 하나도 없습니다. 그 공장의 유일한 목적은 노동력에 대한 살인적 착취잖아요. 그러니까 필리핀 노동자들이 산재로 마구 죽을 수밖에 없는 것이고, 이것은 한국 노동자나 필리핀 노동자에게나 최악의 방법입니다. 그러니까 우리가 필리핀 노동자에게 희생을 강요해서 한국 노동자를 살찌우겠다는 것이 아니라, 양쪽의 균형적인 발전을 원하는 거죠. 민족주의적인 입장으로 생각할 것이 전혀 아니라는 겁니다.

어쨌거나 그런 불합리를 막자고 하면 기업 경영권, 의사 결정권 자체를 주주만이 가져서는 절대 안 된다는 겁니다. 기업의 경영 결정에 사회, 국가, 노동자들이 골고루 참여해야 하는 것이죠. 독일식으로 기업 이사회의 3분의 1 의석을 노동자 대표들이 차지해야 되는 것이고요. 제가 보기에는 그렇게 하지 않으면 기업의 기본적인 민주화는

독일식으로 기업 이사회의 3분의 1 의석을 노동자 대표들이 차지해야 합니다

불가능할 것입니다. 국가와 시민사회, 예를 들어서 환경단체, 전국적인 노동단체의 대표들도 약 3분의 1 정도의 의석을 차지하는 것이 좋을 것 같고요. 그러니까 근본부터 기업 경영 구조 자체를 사회 공공성 위주로 바꿔야 하지 않을까 싶은 것입니다. 만약에 기업 지배 구조에서 노동자들의 대표성이 높아지고, 시민사회와 국가가 더 강력한 개입력을 가진다면 애초부터 해외 이전에 관한 결정을 내리지 못하도록 할 수 있습니다. 그게 유일한 방법일 텐데, 그렇게 한다면 한국으로서는 혁명적 일이 되는 것이죠.

최근에 김상봉 선생님도 비정규직 문제해결을 위한 해법으로 '노동자 경영권'을 제시했습니다. 주식회사의 경영자를 노동자가 선거를 통해 결정하자는 것인데, 우리나라에도 실제로 '키친아트'처럼 노동자들이 망한 기업을 인수해서 스스로 경영해 일정한 실적을 올리고 있는 기업들도 있습니다.

네. 있죠. 이것은 굉장히 중요한 실험입니다. 자본가를 배제해도 된다는

것을 우리 스스로한테 보여주는 거죠. 문제는 뭐냐 하면, 체제가 자본주의로 남아 있다면 자본주의를 지양하기가 무척 힘들다는 사실입니다. 노동자가 경영한다고 해도 회사는 원료를 돈 주고 사고, 그다음에는 제품을 팔아야 하고, 어쨌든 시장 관계 속에서 움직여야 하니까 효율을 극대화시킬 수밖에 없을 것이고, 그런 의미에서 노동규율을 강화하거나, 이런 쪽으로 가지 않을 수가 없지요. 무엇보다 은행이 계속해서 이윤추구적인 기업으로 남는다면 무이자 대출 같은 것을 해줄 리가 없거든요. 대출을 해줄 때 이자가 붙는데, 그러면 회사는 일단은 이윤을 내야만 하겠죠? 이윤을 내지 않는다면 대출도 받을 수가 없을 것이고요. 이윤율 위주로 돌아가다 보니까 효율성 위주의 경영이 될 수밖에 없죠. 물론 자본가가 없고, 노동자만 있다면 조금은 더 소프트하게 진행되겠지만, 자본주의적인 경영의 틀을 완전히 벗어나기는 어려울 겁니다. 사회주의 사회가 되면 은행은 더 이상 이윤추구를 하지 않을 것이고, 무이자나 최저 이자로 대출할 수 있겠죠. 그리고 원료제공과 상품공급은 탈시장화가 되어서 더 이상 돈 주고 하는 것이 아니기 때문에 이윤 강박으로부터 벗어날 수 있을 겁니다. 하지만 전반적으로 체제가 자본주의 체제다 보니까 노동자들이 경영을 하더라도 큰 틀이 바뀌지는 않겠죠.

04

인간의 얼굴을 한
자본주의는 없다

푸틴 독재는 비판해도 자본주의는 신성불가침인 나라

자본주의를 선택한 러시아는 최근 극심한 빈부격차와 왜곡된 권력구조로 비판을 받고 있는데요.

얼마 전에 아들에게 제 고향을 보여주겠다는 일념으로 레닌그라드(현 상트페테르부르크)에 다녀왔는데요. 러시아어를 전혀 하지 못하는 제 아이가 과연 제 고향을 어떻게 인식했는지 정확하게 파악하기는 어렵지만, 저로서는 그저 충격의 연속이었습니다. 그전에 레닌그라드를 찾아갔을 때에도 그랬지만, 무엇보다 러시아 사회의 '격차'의 폭에 저는 경악했습니다. 제 아이가 초밥을 굉장히 좋아하는데 우리 두 사람이 가장 저렴하게 초밥과 장국을 믹는데 드는 비용이 한화로 약 4만 원입니다. 거의 스톡홀름 수준의 물가인데요. 연금생활자들은 한 달에 한화로 평균 25~30만 원 안팎을 받고요. 대학가의 비상근 교원은 한화로 약 12~14

만 원의 월급을 받는데, 과연 그들은 어떤 눈으로 그 초밥집을 바라봐야

두 사람이 가장 저렴하게 초밥과 장국을 먹는데 드는 비용이 한화로 약 4만 원입니다 거의 스톡홀름 수준의 물가죠

합니까? 초밥이야 안 먹으면 그만이지만, 한국보다 평균 임금이 거의 두 배 이상 낮은 러시아에서 무궤도전차나 버스의 승차권이 한화로 거의 1,000원, 즉 거의 서울의 교통요금 수준이 되어 그야말로 재앙입니다. 연금생활자들에게는 그나마 무임승차권이 있어서 다행이지만, 대학원에 다니거나 비상근 교원으로 연명하

는 '학계의 무산계급' 입장에서는 과연 이런 생활이 지옥과 무엇이 다를까 싶습니다. 제가 며칠 다녔던 국립도서관의 아시아 및 아프리카 서적부 건물은 당장에라도 무너질 것 같은 느낌이 들 만큼 보수 공사가 시급하고, 물과 전기가 자주 고장 나 끊기기 일쑤입니다. 책을 읽는 사람들도 하나도 보이지 않았습니다. 이 지옥 같은 사회에서 연명해야 하는 이들에게 도서관은 이미 사치가 된 지 오래죠.

흉악한 안보꾼들이 민주주의를 고사시켜놓고 부정부패가 사회의 모든 구석에 다 스며들어 '격차' 가 이미 중남미 수준에 이른 곳이 오늘날의 러시아입니다. 그렇다면, 오늘날 러시아 지식인들은, 예전의 중남미 지식인들의 상당 부분처럼, 과연 종속이론과 내포적 민중경제이론, 해방신학을 공부하면서 차베스와 같은 '평화적 혁명 지도자' 로부터 영감을 받고 있을까요? 천만의 말씀입니다! 극소수의 좌파는 당연히 존재하지만, 적어도 제가 만날 수 있었던 제 가족이나 친척, 한국학 동료들 중에서는 급진 좌파는커녕 사민주의적 온건 좌파도 한 명 없었습니다. 저의 경험이 아닌 통계로 보자면, 10~20대 젊은이 중에서 정치에 그나마

관심을 두는 이들은 약 8퍼센트에 이르지만, 그 중 다수는 각종 민족주의적, 국가주의적 경향에 합류하지 좌파를 꺼립니다. 물론 '자주파', '민족 좌파'가 있는 한국처럼 러시아에서도 일부 민족주의자들은 적어도 반미 지향의 차원에서는 좌파와 약간의 접점은 있습니다. 하지만, 특히 중산계층들 사이에서 좌파는 극소수의 게토(ghetto)에 불과합니다. 물론 '중산계층'이라는 용어 그 자체의 정확성은 떨어집니다. '중산계층'에는 여러 가지 정의가 있는데, 대체로 재산차원에서 보자면 안정된 직장과 주택, 자동차 소유, 서방 중산층 수준에 가까운 소비생활을 누리는 이들이고, 신분(학력)차원의 중산계층은 대도시 고학력자로서 안정된 화이트칼라 직장을 가진 사람들입니다. 전자의 정치적 입장이야 불문가지입니다. 저의 친척 대다수는 후자에 속하는데, 그들도 하나같이 자본주의를 찬양하고, 본인들이 무료로 양질의 교육을 받고 편안한 생활을 누려온 '현실 사회주의'를 극구 비난, 부정합니다.

도대체 왜 그러는 걸까요?

정말 수수께끼 같은 일이 아닐 수 없습니다. 우리 가족이나 친척 중 40세 이상의 분들은, 초밥집에서 6~7차례 정도만 밥을 먹을 수 있을 만큼 연금이 적고, 돈벌이에 지쳐 사는 대다수 서민들은 일을 마친 후 집에 와서 책을 펼쳐볼 힘도 없는, 이 지옥과도 같은 현실을 분명히 불만족스럽게 생각하고 있습니다. 그러나 그럼에도 불구하고 그들의 나라를 극소수의 오만한 갑부나 관벌들과 대다수의 지치고 찌들고 밟히는 서민들

극소수의 갑부나 관벌들과 대다수의 서민들이 각자 별도의 세계에서 살고 있는 이중적 시공간으로 만든 자본주의를 그들은 감히 비판하지 못합니다

이 각자 별도의 세계에서 살고 있는 '이중적 시공간'으로 만든 자본주의를, 그들은 감히 비판하지 못합니다. 푸틴 독재야 비판할 수 있어도 자본주의는 그들에게 신성불가침합니다. 현실인식과 이념 사이에 이와 같은 엄청난 괴리가 생기고 있습니다. 자본주의가 망가뜨리고만 나라의 비참한 모습을 매일매일 보는 사람들은, 왜 '병인'(病因)에 대해 아무 생각 없이 병의 증세에만 한탄하고 있습니다.

사회주의를 경험한 러시아에서 왜 그런 현상이 일어날까요?

여기에서 한 가지 중요한 이론적 부분을 짚고 넘어가야 합니다. 자본주의 사회는 근본적으로는 극소수의 착취자와 대다수 임금 노동자(피착취자)로 구성돼 있지만, 후자는 또 철저하게 위계 서열상으로 이루어져 있습니다. 명문대 대 비명문대라는 학력의 위계질서부터, 대기업 대 중소기업이라는 직장 사이의 위계, 정규직 대 비정규직이라는 직장 안에서의 위계까지, 피착취자들은 철두철미하게 분산돼 있습니다. 좌파가 전통적으로 강한 프랑스 같은 사회에서야 판사나 검사까지도 자신들을 노동자라고 규정하고 같이 파업 내지는 시위할 수 있지만, '통상적' 자본주의 사회에서는 피착취자라 해도 어느 수위 이상 오르기만 하면 거의 '자동적으로' 자신의 노동자성에 대한 자아인식이 소멸돼가기 시작합니다. 예컨대 국내의 '명문대 출신 대기업 최하급 관리자'는 학술적으로 보면 어디까지나 '노동자'로 분류되겠지만, 그가 노동자 투쟁에 합류할 가능성은 거의 없습니다. 러시아와 같이 가난하고 불안정된, 사회적 정의도 기초적 합리성도 보이지 않는 사회에서 자본주의가 살아남을 수 있는 이유는, 바로 이와 같은 피착취자 계급의 '수직적 분산' 때문입니다. 피착취자의 상층, 중간 부분이 '작지만 큰' 특권을 누리는 만큼 현 정권에 비판적이라 해도 자본주의에 감히 토를 달지 않는 것입니다.

그렇다면 이 '작지만 큰 특권'이란 과연 무엇입니까? 무엇보다 학력자본의 대물림 가능성입니다. 일단 고학력자 집안에서 태어난 아이는, 대학 교육을 받아 남자아이의 경우에는 군 징집을 연기하거나 박사학위를 받을 경우에는 면제받을 가능성이 큽니다. 소련 시대에 태어나 이미 고령이 된 고학력자 부모 본인이야 교수나 교사, 의사 같은 저임금 화이트칼라 직에 남아도, 아들이나 딸이 행여나 서방에 나가서 취직하거나 민영회사에 잘 취직해 돈을 많이 벌 경우에는 온 가족이 그걸로 득을 보게 돼 있습니다. 그리고 많은 고학력자들에게 부수입을 올릴 기회들이 열려 있습니다. 교사나 교수의 과외 등 사교육 분야부터 공립병원 의사의 개인적 진료까지도요. 그들은 객관적으로 봤을 때 노동자에 속하지만, 육체노동하는 사람과 별도의 세계에서 살며 별도의 꿈을 꾸고 있습니다. 바로 이와 같은 분산으로 자본주의가 그 생명을 유지하는 것입니다.

러시아에서 자본주의가 살아남을 수 있는 이유는 피착취자 계급의 수직적 분산 때문입니다

그렇다면 러시아와 같은 준(準)주변부 국가에서는 자본주의가 영원할 것인가 하면 꼭 그렇지도 않습니다. 완전히 부패한 그 지배자들은, 세계

공황의 영향부터 서방 열강들과의 모순 관리까지 제대로 조절하지 못할 가능성이 다분합니다. 1905년 일본에 대패를 당하자 러시아에서는 중산계층까지 가세한 1차 혁명이 일어난 전례까지 있지 않습니까? 그러한 일이 앞으로도 일어날 가능성은 큽니다. 그러나 대중들이 이데올로기를 신뢰하려면 무엇보다 자기 자신들의 생활 체험에서 진실성의 증거를 발견해야 합니다. 그렇지 않고서는 어떤 혁명도 불가능하다는 것이죠.

러시아의 혁명 역사를 보시면 대중들이 들고일어난 중요한 계기들이 있지 않았습니까? 러시아 민중의 입장에서는 아무 쓸모도 없고, 필요도 없고, 있지 말아야 할 러일전쟁에서 수만 명이 죽고 다쳤습니다. 그러다가 1905년 1월 9일에 피의 일요일, 말 그대로 평화적으로 데모하는 노동자들에게 총질해서 역시 수백 명을 죽고 다치게 하는 야만이 발생되고 나서 '이 체제 안에서 노동자는 도저히 살 수가 없다. 결국에는 살인을 당하고 살인의 도구가 되고, 이 체제는 말 그대로 반인간적이고 더 이상 지속되어서는 안 된다', 이런 확신이 노동자들 사이에 심어진 거죠.

> 내 아버지도
> 노동자였다
> 내 아들도
> 노동자일 것이다
> 이 사회에서
> 나한테는
> 길이 없다

또 하나는 러시아 초기 노동자들, 1890년대 노동자들은 농민 출신들이었고, 농민들 같은 경우에는 일단 자기 농토도 있고 한데, 그 노동자들 같은 경우 대개는 꿈이 뭐였나 하면 노동을 해 돈을 벌어서 시골에 돌아가서 땅, 가축을 많이 산다든가, 그렇지 않으면 가게를 하나 연다든가 하는 계급적 출세를 꿈꿀 수가 있었습니다.

그런데, 20세기 벽두에 들어서서 대도시에서는 2세 노동자들이 생긴단 말이죠. 그들이 한 가지 똑똑하게 알았던 것은 '내 아버지도 노동자였다. 내 아들도 노동자일 것이다. 이 사회에서 나한테는 길이 없다' 하는 것이었습니다. 길이 하나 있다면 우리들의 계급적인 이익을 위해서 같이 싸우는 길밖에 없다, 그런 이데올로기를 생활적 체험을 통해 찾은 거죠. 그렇게 해서 결국 혁명이 일어난 겁니다. 따라서 조금 전에 말씀드린 것처럼, 지금의 러시아를 보면 부패한 지배자들에 항거하는 새로운 계급적 각성이 일어날 수 있는 거죠.

대자본이 키운 극우파에 표를 몰아주는 노동자들

유럽에서의 자본주의는 어떻게 진행되고 있나요?

이제 프랑스까지 번진 유로존의 치명적인 위기, 점차 심화되어 가는 세계공황의 질풍노도 속에서 그 이윤마진을 지키려는 자본가 계급은 사실상 복지국가마저도 점차 대폭 파괴하여 역사의 시계를 거의 복지국가건설 이전인 1930년대로 돌리려 하고 있습니다. 대학교 등록금 3배 인상도 모자라 이제 공공의료체계마저도 개악시켜 민영 의료업자들의 몫을 늘리려는 현 영국 정부의 행위만 봐도 복지국가가 점차 형해화(形骸化)되어 간다는 것을 실감할 수 있습니다. 물론 나라마다 정치적 사정 등에 따라 그 속도는 아주 상이하고 노르웨이 같은 복지국가는 거의 손실을 보지 않았지만 대체적 경향은 확실합니다. 지배자들이 복지국가라는 1945년 이후의 대대적 양보를 철회하려고 하는 이 상황에서는, 피지배자들의 투쟁도 부득불 격화돼야 할 것이고, 그 표어도 '복지국가 사수·신설'에서 결국 '자본주의 극복'으로 가일층 급진화해야 할 것입니다. 노동자 민생에 대해 최소한의 보장도 해주지 않으려는 지배자들이라면, 그 지배자들을 '계급적 차원에서 타도하자'는 표어가 어느 정도 투쟁의 본질을 잘 반영하지 않겠습니까?

1인당 국민소득 88,000달러인 노르웨이에서 오슬로 학살로 불리는 블레이비크 사건(2011년 7월 22일 70여 명을 사망케 한 사건)이 일어났습니다. 현지에서는 그 사건을 어떻게 보고 있나요?

그 사건에 대해서 말이 많습니다. 재판 과정 초기에는 일단 블레이비크에 대해 의사들이 정신병자라고 진단을 내렸는데, 만약에 확정이 됐다면 재판을 할 수도 없게 됐을 것이고, 결국에는 재판 없이 정신병원으로 가서 나머지 평생을 보내게 됐을 텐데요. 그런 진단을 내린 의사들을 비판하며 추가로 정신병 검사를 받는 것이 확정되는 등 일단 재판이 정상적으로 진행되고 있지만, 하마터면 재판이 취소되고 모든 것이 '의학적 문제'로 치부될 위험도 있었던 것이죠. 결국 문제는 무엇인가 하면 한 명의 정신병으로만 국한될 수 없는 문제들이 이 사건 속에 널려 있는 것입니다.

'진리의 순간'이라는 말이 있지 않습니까? 인생이든 사회생활이든 대체로 가장 비극적인 순간들이 우리에게 깊은 진실을 가장 여실히 보여줍니다. 이번 '오슬로 학살'도 그랬습니다. 이 끔찍한 만행은, 1인당 국내총생산 88,000달러의 초(超)부국(富國), 모범적인 복지국가, 상당수의 한국인들이 지상낙토라고 생각하는 노르웨이에 대한 아주 불편한 진실들을 보여주고 있습니다. 노르웨이뿐만 아니라, 한국에서는 진보주의자들조차도 좀처럼 잘 비판하려 하지 않는, '복지국가이고 똘레랑스 정신으로 충만한' 유럽에 대해서 애써 간과하려 하는 매우 중요한 부분들을 이번 사건은 우리에게 보여주고 있습니다. 이 학살과 연관된 여러 가지 사실들은, 우리가 익히 믿고 있는 몇 가지 신화들을 파괴해버리고 맙니다.

> 초부국, 모범적인 복지국가, 상당수의 한국인들이 지상낙토라고 생각하는 노르웨이에 대한 아주 불편한 진실들을 보여주고 있습니다

　그 첫 번째 신화는, '똘레랑스와 자유주의의 유럽'이라는 점입니다. 1945년 이후 유럽에서 좌·우파 사이의 일종의 힘의 균형은 어느 정도 관용의 분위기를 조장한 것까지는 사실이지만, 그렇다고 해서 유럽에서 관용과 자유를 존중하는 정치세력만이 대중적 인기를 누리는 것은 아닙니다. 학살의 현장인 노르웨이만 해도 학살 주인공이 몇 년간 몸담은 극우정당인 '진보당'(진정한 진보와는 무관합니다!)은 대체로 20~25퍼센트의 지지율을 과시해왔습니다. 참고로, 이번 공격의 목표가 된 온건 좌파의 대표 주자인 노동당의 통상적 지지율은 25~30퍼센트 범위입니다. 극우들이 거의 사빈주의자만큼이나 인기를 누리는 사민주의 국가 노르웨이인 셈이죠. 노르웨이와 비교될 수 있는 또 하나의 '관용의 국가' 네덜란드의 경우, 지난 총선에서 극우적 '자유당'은

17퍼센트의 표를 얻고 말았습니다. 노르웨이와 문화, 역사적으로 매우 가까운 덴마크 역시 최근의 총선에서 극우적 '민중당'이 15퍼센트의 표를 얻음으로써 이민자들을 바짝 긴장시켰습니다. 그러니까 우리에게 '모범'으로 보이는 조용하고 질서정연한 유럽의 여러 나라들에서 거의 5분의 1에 가까운 유권자들이 종족적 소수자에 대한 하등의 관용도 없는 극우 정객들을 지지한다는 말입니다. 이상하죠?

두 번째 신화는, 자본주의는 민주주의를 보장한다는 것입니다. 이것은 아시아적 시각에서 봐도 순 거짓말입니다. 현재 아시아의 최대 자본주의 국가인 중국은 민주주의적 사회가 아니며, 농민공(農民工, 농촌 출신 도시 노동자) 등 저임금 노동자 착취를 위해 호구제(계획경제와 식량배급 문제를 해결할 목적으로 도시와 농촌을 엄격히 분리하여 그 사이의 이동을 제한시키는 호적제도. 1958년 중국 공산당이 도입한 이 제도로 인해 농촌 호구를 가진 이들은 의료·복지·교육 등 각 방면에서 불이익을 받고 있다) 등 매우 비민주적 제도들을 이용합니다. 대학생들의 공부모임인 '자본주의 연구회'에서 세미나용으로 북한 서적을 몇 개 읽었다면 당장에라도 감옥행할 수 있는, 교사 등 공무원 노동자들이 정당 가입의 권리 등 기본적인 민주적 권리도 보장받을 수 없는, 대한민국과 같은 세계자본주의의 기린아도 충분한 의미의 민주주의 국가는 전혀 아닙니다. 개발국가와 신자유주의를 교묘하게 접목시킨 싱가포르도 민주주의와 완전히 무관합니다. 유럽 같은 경우, 1910~40년대의 민주화, 즉 모든 성인들이 보편적 선거권을 획득한 것은 노동운동과 사회주의 운동의 성취였지 자본가의 시혜는 절대 아니었습니다. 1930년대 유럽의 파쇼 정권들은 자본가들의 열렬한 지지를 받았으며, 현재 노르웨이의 '진보당' 등 유럽의 극우정당도 부유층, 기업인들의 기부를 통해 영향력을 확충하고 있습니다. 즉 상당 부분의 총자본세력은 극렬한 반이민자, 외국인 혐오주의 극우당이라도 지지함으로써 좌파, 혹은 총노동의 영향력을 약화시키려 하고 있습니다. 총자본은 총노동과 세력균형을 이룬 상황에서는 민주주의적인 게임룰을 어느 정도 받아들이는 듯하지만, 한편으로는 다문화주의와 관용적 현대 민주주의를 부정하는 세력을 키워주고 있는 것입니다.

세 번째는, 유럽 근로대중들의 계급의식 수준이 높다는 거짓된 신화입니다. 대자본이 키운 극우파에 표를 몰아주는 이들은 비극적이게도 중소사업가나 저급 사무원, 혹은 일반 노동자들입니다. 노르웨이의 경우, 지난 2005년 총선 당시 제조업 노동자들 중 42퍼센트는 노동당을 찍었지만, 무려 27퍼센트는 '진보당'을 찍었습니다. 특히 저임금 저숙련 노동자의 경우에는, 노동당에 대한 지지(30퍼센트)보다 '진보당'에 대한 지지(37퍼센트)가 훨씬 높았습니다. 1933년의 독일에서마저도 압도적 다수의 노동자들이 나치당이 아닌 사민당과 공산당을 지지했는데, 어찌해서 편안하게 사는 노르웨이에서는 극우, 준(準) 파쇼 세력들이 이렇게 노동자들의 표심을 잡는 걸까요? 여기에 몇 가지 중요한 원인들이 있습니다.

노동당은 1990년대 중반 이후 신자유주의적 정책을 부분적으로 수용, 실시함으로써 노동자, 그중에서 특히 저숙련, 저임금 노동자들을 배

> 대자본이 키운 극우파에 표를 몰아주는 이들은 비극적이게도 중소사업가나 저급 사무원 혹은 일반 노동자들입니다

신했습니다. 노동당은 제조업의 해외 이전을 방관했으며, 지자체들은 제일 적은 저항력을 가진 청소 노동자 등 '비본질적 부문'을 외주화했고, 우체국의 독립 법인화와 국영 5대 기업의 부분적 민영화 등은 무엇보다 해고에 가장 많이 노출된 저숙련 노동자들에게 고통을 주었습니다. 그들이 이민자들을 배제함으로써 '토박이'들을 보호해주겠다고 호언장담하는 '진보당'의 유혹에 넘어가는 것은 상당 부분 중산계급화되고 신자유주의를 수용한 노동당으로부터의 소외 때문입니다. 노동당보다 왼쪽에 있는 좌파 정당, 즉 사회주의좌파당과 적색당(공산당)은 처음부터 고학력자 위주로 짜여 있으며 노동자들에게 말도 제대로 건넬 줄 모릅니다. 적색당의 기관지라고 할 일간 〈계급투쟁〉지 기사의 상당 부분은, 석사학위쯤 가지고 있어야 읽을 수 있는 학술논문 투의 이야기입니다. 그러한 정당에는 혹시나 가방끈이 짧은 노동운동가가 들어와도 '학출'들 사이에서 늘 불편함을 느낄 것입니다. 온건 좌파인 노동당의 배신적 태도, 급진 좌파의 은근한 '먹물' 근성과 오만과 같은 요인들은 수많은 노동자들로 하여금 사회주의 혁명이나 변혁이 아닌 종족적 폐쇄성을 신자유주의로부터의 구출의 방법으로 인식하게끔 만들었습니다. 적색당의 당원인 저로서도 자성해야 할 부분이죠.

그리고 노조 등 계급 조직에의 가입, 선거 때 좌파 정당 지지 등은 물론 계급의식 배양의 중요한 수단이지만, 계급의식의 확고화에 가장 기여하는 것은 무엇보다도 직접적 투쟁경험, 그리고 특히 개인적 위험 부담까지 안아야 할 탈(脫) 제도적 투쟁의 경험입니다. 한국 노동운동이 1990~2000년대의 엄청난 탄압과 포섭작전 등에도 불구하고 그나마 전개돼온 것은 1987년 대투쟁 유경험자들의 리더십과 열성적인 참여 덕분이기도 했지요. 진정한 투쟁, 최루탄, 진압봉, 해고 협박 등의 맛을 한 번이라도 본 사람은 나머지 삶이 바뀔 수 있습니다. 그런데 설령 파업을 해도 다 제도의 틀 안에서 할 수 있는 편안한 노르웨이에서는, 탈 제도적 투쟁의 마지막 순간들이 1960년대 말~1970년대 초 모택동주의적 '학출'들의 공장 진출 시도와 베트남전쟁 반대 시위 정도였습니다. 그걸 경험한 사람들이 오늘날 적색당의 기간 당원들이죠. 하지만, 사민주의 체제에 나름대로 포섭된 다수의 노동자들은 이 일에 참여하지 않았고 체제에 대한 급진적 저항의 경험이 결여되어 있습니다. 그만큼 그들의 좌파 대오 이탈이 쉬운 것입니다.

또, 실업자가 되어도 노르웨이 노동자의 소득 수준은 폴란드나 중국 노동자의 소득 수준에 비해 몇 배 높습니다. 그만큼 노르웨이는 값싼 노동을 제3국에 전가하고 자국 노동자에 높은 임금, 사회복지를 제공하는 위치에 있는 것입니다. 모든 지구인들이 노르웨이인만큼 자원을 소비했다면 우리에게는 세 개에서 다섯 개의 지구가 필요할 것입니다. 미래에 세계적 사회주의 사회가 건설된다면 '나머지 세계'의 소비 수준이 높아지는 동시에 노르웨이와 같은 예외적 부국들의 소비 수준은 조금 낮아져야 할 것입니다. 즉, 노르웨이가 국제적인 혁명적 노선으로 간다면, 이는 자신들과 동류들의 생활수준 제고를 위한 투쟁이 아니라 반대로 안락한 '부국 시민' 생활의 (적어도 부분적) 포기입니다. 몹시 어려운 일이죠. 1940년대 말 이후 사민주의 체제에 포섭돼 혁명성을 잃고 실질 소득의 증가에 익숙해진 수많은 노동자들은, 노르웨이의 비정상적으로 높은 생활수준을 당연시하면서 '사수'하려고 합니다. 누구로부터요? 사민주의적인 자본과의 타협에 익숙해진 사람들에게는, 자본으로부터의 사수보다 이민자로부터의 사수가 훨씬 더 쉽게 이해되어질 수도 있습니다.

한마디로 정리하자면, 1940년대 말 이후 노르웨이 노동자들을 가난뱅이에서 중산층 시민으로 만든 노동당 등 사민주의 세력들은 동시에 노동자들을 포섭하면서 그들의 혁명성을 많이 제거했습니다. 체제에 순치된 수많은 노동자들이, 특히 고학력자 위주의 급진 좌파가 그들에게 접근조차 못 하는 상황에서 신자유주의를 수용한 노동당에 분노해도 더 왼쪽으로 가지 않고 차라리 오른쪽으로 가버려 종족적 폐쇄성을 통한 '우리 소득수준의 사수' 노선을 택하는 아쉬운 길을 선택한 것입니다. 이는 노르웨이뿐만 아니라 다른 유럽 국가에서도 유사하게 벌어졌습니다. 극우파의 대중화는 급진적 좌파의 고학력자로서의 오만과 무능, 그리고 온건 좌파의 신자유주의적 배신을 배경으로 합니다. 극우 파시즘이 이렇게 보편화되는 상황에서는 극렬분자들이 생기고 이번처럼 대형 참극이 벌어지고 말죠. 이 상황의 해결 방법은? 무엇보다 혁명적, 계급적 좌파의 부활과 대중성 확보입니다. 적색당과 같은 급진 좌파 정당 사람들은 공장 노동자들을 상대하는 방법을 다시 배워야 하고, 그들의 요구, 예컨대 제조업 보호 정책이나 해고 방지 등을 우선시할 줄 알아야 하고, 그들에게 오늘날의 상황에서 급진적 변혁이 무엇인지 이야기할 줄 알아야 합니다. 다시 '브 나로드(Внарод)', 즉 인민 속으로 가야 하는 것이죠. 그래야 유럽을 '킬링필드'로 만들려는 파쇼들에게 맞설 수 있을 것입니다.

북유럽에서 극우가 극성을 부리는 이유

블레이비크는 한국이나 일본을 이상형으로 꼽았잖아요. 보수적
국민국가라고.

(극우인 블레이비크가) 극우들이 오랫동안 통치해온 나라를 좋아하는 게
당연한 거 아닙니까? 블레이비크가 원하는 세상을 한국이 거의 다 구현
하고 있는데요.(웃음) 이민자들이 살 길이 다 막혀 있어요. 결혼 이민자
말고는 노동 이민자, 외국인 노동자들이 합법적으로 영주권을 얻어서
눌러앉아 살기가 불가능에 가깝습니다. 노르웨이의 극우 정당 안에서는
테러도 불사해서 이민자들을 막아야 한다든가 가부장적 질서를 회복해
야 한다든가 하는 목소리들이 적지 않게 들리고 있습니다. 문제는 뭐냐
하면 이민을 제한하고, 이민자들에게 불리한 정책을 입안 추진시킨 것
은 극우 정당뿐만 아니었고, 주류인 온건 좌파 노동당도 사실은 이민자
한테 다소 가혹했었습니다. 피난민의 유입을 막으려고, 피난민 정책을
상당히 가혹하게 잡았고, 이슬람 데러에 맞서겠다든가, 이슬람에 대한
공포 분위기에 편승한 적도 있었습니다.
　극우에게 또 하나의 한국의 매력 포인트는, 일단 들어오는 이민자들의

관리 방식입니다. 고용허가제가 운용되는 나라인데, 고용허가제라는 것이 4년까지만 있을 수 있고, 그다음에 사실상 완전히 정착하는 것을 막고 있는 거죠. 블레이비크뿐만 아니라 노르웨이 극우 누구라도 좋아할 제도입니다. 그러나 반이민자 성향은 블레이비크 개인만의 문제가 아니죠. 이민자에 대한 공포를 극우뿐만 아니고, 온건 좌파까지 이용해왔다는 사실을 직시해야 합니다. 노르웨이의 치부를 드러낸 거죠. 한마디로. 한국에서는 블레이비크가 원하는 것이 대체로 구현되어 있으니까 당연히 좋아할 만하죠.

그나마 공황을 비교적 잘 비켜가는 북유럽에서 극우 포퓰리즘 정당들이 인기가 높다는 것도 참 불가사의한 일입니다.

"위기가 극우들의 극성을 부른다"는 상식(?)에 완전히 어긋나는 사례죠. 국가 파산과 사상 최악의 생활수준 저하를 맞고 있는 그리스의 경우 극우보다 온갖 좌파가 정국을 주도하고 있다는 점에서 확인할 수 있습니다. 지금 그리스 국회의 경우, 극우라고 할 수 있는 '민중정교회소집당'은 전체 300의석 중 15의석 밖에 확보하지 못하고 있습니다. 중도 우파인 신민주당 외에 국회의 주도 세력들은 사민주의자(154석), 공산주의자(24석), 신좌파(9석) 등입니다. 고전을 거듭하는 그리스가 좌경화돼 있는 것과 정반대로, 유럽연합 안에서 재정상태가 가장 양호한 편에 속하는 핀란드는 지난 2011년 4월 총선에서 전 세계를 놀라게 한 바 있죠. 극우 포퓰리즘의 전형에 가까운 '진정한 핀란드인당'이 돌연히 19퍼센트의 득표율을 보여 국회 제3당이 되고 만 것이었습니다. 하필 왜 이와 같은

'포퓰리즘의 폭발'이 위기에 비교적 덜 노출된 북유럽 나라들에서 터져야 했을까요?

어디 핀란드뿐인가요? 아이러니하게도 극우 포퓰리즘이 가장 극성을 부리는 또 하나의 나라는 바로 스칸디나비아에서 1인당 국민소득이 제일 높은 노르웨이입니다. 노르웨이의 대표적인 극우 포퓰리즘 정당인 소위 '진보당'은 2009년 총선에서 총 169석 중에 41석이나 차지했습니다. 최근(2011년 9월) 지방자치단체 선거에서는 득표율이 11.4퍼센트까지 급락했는데, 그 이유 중의 하나가 바로 조금 전에 말씀드렸다시피 진보당의 전(前) 당원인 블레이비크가 노르웨이 사상 최악의 대량 살육을 감행했기 때문입니다. 진보당은 당연히 블레이비크의 범행과의 그 어떤 관계도 부인하고

> 블레이비크의 범행이 과거 속에 묻혀 망각될 몇 년 후 극우인 진보당은 얼마든지 25~30퍼센트의 지지율을 확보할 수도 있습니다

그 범행을 강력 규탄했지만, 진보당 당원 사이에 만연된 반이슬람주의, 인종주의 분위기가 블레이비크의 광적인 민족주의, 배외주의 세계관 형성에 영향을 미쳤다는 것은 만인이 다 인지하는 사실입니다. 문제는, 블레이비크의 범행이 어느 정도 과거 속에 묻혀 망각될 몇 년 후, 극우인 진보당은 얼마든지 그 2011년 초기의 지지율, 즉 25~30퍼센트의 지지율을 확보할 수도 있다는 것이에요. 유럽에서 가장 '잘 사는' 사회에서 극우 정당의 지지율이 이 정도로 높다는 것은 많은 이들을 의아하게 하겠지만, 그럴 만한 객관적 이유는 분명히 있습니다.

핀란드나 노르웨이 같은 세계 최고 수준의 복지 사회에서 극우주의 지지자들이 이 정도로 많다는 것이 믿기지 않겠지만, 이것은 실은 이 두

사회에서 오랫동안 주도적 역할을 해온 온건 좌파의 신자유주의적 변질의 불가피한 결과라 하겠습니다. 핀란드의 경우, 사민당의 바워 리뽀넨(Paavo Lipponen)이 1995~2003년 동안 국무총리였을 때 신자유주의가 사회 속으로 깊이 삼투되기 시작했어요. 자본의 초(超)국가적 운동에 일체 장벽이 거의 제거돼 핀란드 10대 대기업들의 해외 피고용자 비율은 2002년에 거의 60퍼센트 – 1982년에는 불과 15퍼센트였는데 – 에 달했는가 하면, 비정규직 고용이 '자율화'돼 특히 저임금, 여성 노동자 중심의 비정규 노동이 사회에서 보다 큰 몫을 담당하기 시작했습니다. 1999년에는 전체 근로자 중 비정규직의 비율이 이미 21퍼센트에 달했는데, 이는 유럽연합의 평균치인 14퍼센트보다 훨씬 높은 수치였습니다. 70퍼센트의 비정규직은 정규직 전환을 희망함에도 정규직으로의 전환이 불가능해 비정규직의 자리에 남아야 하는 '비자율적 비정규직'으로 분류되었어요. 1980년대 말만 해도 핀란드에 거의 없었던 노동파견 회사들은 1990년대 말에는 이미 약 15만 명의 노동자를 고용했는데, 이와 같은 업체에서의 평균 고용기간은 50일 정도에 불과했습니다. 한마디로, 리뽀넨 정부는 1990년대 초반의 불황을 저임금 노동자에 대한 강화된 착취 등을 통해 '극복'해보려 했던 셈입니다.

노르웨이 같은 경우, 비정규직의 비율은 9퍼센트 정도로 유럽에서 비교적 낮은 편에 속하지만, 1990~1997년 온건 좌파인 노동당 집권 시 국유였던 대기업의 부분적 사유화를 추진하고 '노동의 유연화'를 장려하는 등 공장을 저임금 국가에 이전하면서 노동자들의 해고를 제대로 막으려 하지 않았습니다. 노동자들의 불안심리가 조장되는 동시에, 기업세 인하 정책 등의 효과로 거부(巨富)들의 수는 늘어나기만 했죠. 노동당이 다시 정권을 잡은 2005년부터 지금까지 10억 달러 이상의 자산을 보유한 초(超)부자의 수는 두 배 늘어나 현재 180명에 달하고 있습니다. 이와 대조적으로, 신자유주의적 '유연화'에 가장 크게 노출된 토건업 같은 부문에서는 오슬로의 경우 약 25퍼센트의 노동자만이 정규직이고 나머지는 국내나 외국에서 파견된 비정규직입니다. 한마디로, 핀란드나 노르웨이의 온건 좌파는 복지국가의 골간을 유지하되 사회의 점차적인 '신자유주의화'를 상당 부분 허용했으며 1~2퍼센트의 최상층과 10~15 퍼센트의 빈민층, 준(準)빈민층의 극적 성장을 추동하는 과정에서 사회를 상대적으로 불안화시킨 것이었습니다.

그리스의 경우, 사민주의자들은 현재 민중들에게 매우 아픈 예산 삭감 정책을 집행하는 등 다수의 민중과 점차 괴리가 벌어져가고 있지만, 2000년대 초반까지는 기본적으로 민중들에게 그나마 덜 고통스러운 국가자본주의적 기본틀을 간직하려고 했었습니다. 현재의 예산 삭감 정책에 대한 민중 투쟁을 이끌어가는 여러 세력 중 하나는 공산주의자들입니다. 즉, 그리스의 경우 신자유주의에 맞서는 이들은 대중적 좌파 정당의 '배'를 얼마든지 탈 수 있는 것입니다. 그러나 핀란드나 노르웨이는 그렇지 않습니다. 핀란드나 노르웨이의 경우, 온건 좌파야말로 1990년대 초반부터 신자유주의의 전위가 된 셈이죠. 노동시장 불안화, 소득 격차 급등 등에 위화감을 느끼는 이들은, 노르웨이의 노동당이나 핀란드의 사민당의 문을 두드릴 일은 없을 것입니다. 물론 노르웨이에는 노동당보다 더 왼쪽에 있는 사회주의 좌파당이나 적색당 등이 있는데, 전자는 노동당의 '들러리' 역할을 오랫동안 해왔으며, 급진적 지식인 중심의 후자의 정당은 대중성이 약해 노동계급에 제대로 접근하지 못하고 있습니다. 핀란드의 좌익동맹당은 사민당보다 왼쪽에 있다고는 하지만, 1995~2003년에 신자유주의 정책을 실시해온 사민당 내각에 참여하는 등 신자유주의 반대 세력으로서의 자격은 심히 모자랍니다.

결국 신자유주의로 미래의 대한 확신을 잃고 불안과 공포를 느끼게 되는 저임금 노동자, 영세업자 등은 과연 어디에 투표하게 될까요? 특히 저임금 노동시장에서 이민자들과의 경쟁을 벌이게 되는 상황에서 이

극우들의 정치담론은 신자유주의로 변질된 온건 좌파의 허를 찌르는 부분들이 분명 있습니다

들의 표는 이민 제한 정책을 내세우는 극우 포퓰리스트들에게 가버릴 확률이 꽤 높습니다. 물론 극우 포퓰리스트들이 제시하는 배외적인 정책들은 신자유주의적 노동 위기의 그 어떤 진정한 해결책이 될 리 없습니다. 이민자들을 배척한다고 해서 신자유주의적 구조에서의 저임금 노동의 불안함이 개선될 일은 전혀 없을 것이기 때문입니다. 그런데 극우들의 정치담론은 신자유주의로 변질된 온건 좌파의 허를 찌르는 부분들이 분명 있습니다. 핀란드 정당들 중에서 극우인 '진정한 핀란드인당'만이 유일하게 유럽연합을 강경 반대하는 것이 그 사례입니다. 신자유주의적 정책으로 민중의 생계 파괴에 앞장서는 유럽연합에 대해 원칙에 충실한 반대를, 왜 사민당과 좌파동맹당은 하지 못하고 있는가? '온건함'이라는 이름의 그들의 변질과 무능이 결국 극우들의 발호를 가능케 한 것입니다. 좌파가 좌파답게 실천하기만 하면 극우들이 극성을 부릴 일은 없을 것입니다.

온건 좌파의 신자유주의적 배신

그렇지만 좌파 정책을 고수하기가 쉽지는 않을 것 같은데요. 지배층과의 충돌이라든가, 표심을 잡는다든가 하는 문제에 있어서?

물론 좌파정책을 고수한다는 것은, 1990년대 이래 '주류'가 돼버린 여러 담론들을 과감히 반대하고, '주류'에서 어쩌면 비인기 집단이 되는 것을 의미할 수도 있습니다. 좌파답게 한다는 것은 부유층에 대한 과세 강화, 유럽연합에 대한 반대, 민영화에 대한 절대 반대와 자원과 에너지 등 핵심 부문 대기업과 은행의 국유화 지지, 그리고 노동계급의 계급적 이해관계에 대한 우선시를 의미하는 것입니다. 이렇게 나간다면 부유층과의 정면충돌도 각오해야 하고, 유럽연합의 중심 국가(독일 등) 지배층과의 충돌 가능성도 각오해야 합니다. 쉽지 않은 길이고, 계속 우경화해온 노르웨이나 핀란드의 온건 좌파가 결코 쉽게 선택할 수 있는 길은 아닙니다. 그러나 그들이 이 길로 가지 않는 이상 '진보당'이나 '진정한 핀란드인당'과 같은 부류들이 상당수 노동자의 표를 받을 것을 각오해야 합니다. 좌파가 노동계급의 이익을 우선적으로 챙기지 않으면, 좌파를 중심으로 뭉쳐진 노동계급의 정치적 정체성 자체가 점차 흔들리게 되고, 어쩌면 부분적으로 와해될 수도 있는 것입니다. 계급의 정치적 정체성이 위험에 처해지는 일이야말로 1990년대 이후로 유럽 부국(富國)들의 온건 좌파가 택한 길의 가장 무서운 결과인 것이죠.

우리나라는 특히 북유럽 국가들에게 대해 환상을 많이 가지고 있는데요. 북유럽도 이제는 가난한 사람들이 극우 세력을 지지한다는 점에서 우리나라와도 비슷한 면이 있네요.

비슷한 부분도 있어요. 전통적으로 가난한 사람들은 온건 좌파를 지지해왔죠. 1990년대 이후의 온건 좌파들은 북유럽에서 많은 부분에서 신자유주의 노선을 따랐습니다. 노르웨이 같은 경우 우체국을 독립법인으로 만들어서 상당한 감원과 작은 시골 우체국들의 폐점, 합병 등을 추진했습니다. 또 전통적으로는 상장 5대사, 그러니까 상장되어 있는 다섯 개의 가장 큰 기업을 국가가 소유해왔는데요. 90년대에 노동당, 온건 좌파가 부분적으로 민영화시켰다든가, 금융 규제를 많이 풀어서 투기 자본을 유입하게 만든 부분도 있고요. 그러다 보니까, 많은 노동자 입장에서는 좌파에 대한 배신감이 큽니다. 하급 노동자의 처지가 계속 어려워진 부분이 있었고, 경쟁이 치열해졌고, 건설 부문이라든가 이런 부분 쪽에서는 외국인 노동자들의 유입이 많아져서 노르웨이 숙련공 같은 경우에는 거의 설 자리를 잃을 것 같은 불안감에 많이들 시달리는 겁니다. 특히 하급 노동자들의 경우, 이민자들과 경쟁을 하거든요. 그래서 그런 사람들이 잘못하면 신자유주의가 아니라 이민자를 탓하기가 쉬워요. 극우 정당의 전략이 뭐냐면 노동자들의 그런 심리를 이용해서 그들을 분리 통치하는 의미에서 반이민자 전선 쪽으로 끌고 가는 겁니다. 온건 좌파의 신자유주

하급 노동자들의 경우 이민자들과 경쟁을 하거든요 그래서 그런 사람들이 잘못하면 신자유주의가 아니라 이민자를 탓하기가 쉬워요

의적인 배신 때문에 그런 극우들의 전략들이 많이 먹혀들어갔습니다. 그러니까 여기서도 근본적인 문제는 신자유주의입니다.

자본주의, 어린아이와 같은

유럽 국가들도 자본주의의 문제를 신자유주의로 극복하려던 시
도가 실패하고 있다고 평가하시는 거죠.

그렇죠. 자본주의의 문제를 신자유주의로 극복할 수는 없죠. 저는 얼마 전까지 육아휴직을 받아 평소보다 훨씬 더 많은 시간을 집에서 아이들과 함께 보냈는데, 이건 뭐 추리소설도 액션영화도 하나도 필요 없습니다. 10개월짜리 딸과 보내는 한순간 한순간이 다 초절정 액션입니다. 철없는 아이가 큰아들의 만화책을 찢어 그 종이를 먹어버릴 것 같아서, 약간 높은 침대에 기어서 올라갔다가 거기에서 잘못 떨어지는 바람에 다칠 것 같아서, 청소기를 흔들어 무너뜨렸다가 무너지는 그 청소기 밑에서 반죽음이 될 것 같아서, 순간순간 '스릴'을 느끼지 않을 때가 없습니다. 영화나 소설로부터의 자극을 전혀 필요로 하지 않을 정도로 말입니다. 생각해보면 10개월짜리 아이도 저와 똑같은 사람이지만, 일단 주변 환경에 적응해 자기 보존 능력을 키울 만한 적응력, 인지력 등이 없는데다 완력이 미약해 이러는 것이죠. 어른이 옆에 늘 붙어 있는 것은 그 생

명 보존의 유일하다 싶은 담보입니다.

그런데 우리에게 '보이지 않는 시장의 손'으로 자기 조절 능력을 완전히 갖춘 것으로 잘못 알려진 자본주의도, 생각해보면 10개월짜리 아이와 본질상 똑같습니다. 실제로는 기본적인 자기 보존 능력이 전혀 없는 것입니다. 자본주의의 보존, 장기 지속을 보장해주는 것은 그 '보호자'로서의 국가의 정치력과 군사력, 경제 조절 능력이지, '시장' 그 자체는 궁극적으로 자기 조절에 완전히 실패하지 않을 수 없습니다. 그 이유는 간단합니다.

자본주의란 기본적으로 이윤추구를 통한 자본의 지속적인 확대재생산을 의미하는 것이지만, 이윤율이란 것이 지속적일 수가 없기 때문입니다. 20세기 초반의 러시아 경제학자 콘드라티예프는 자본주의가 약 70~80년의 장기주기로 이윤율이 떨어진다고 했는데, 후반기에 해당하는 1973~1980년 이후에는 제조업 등의 이윤율이 매우 현저히 떨어져 제조업 주요 부문들의 위기를 촉진했습니다. 그러면 '보이지 않는 손'은 거기에 대해서 어떻게 대응했습니까? 대체로 다음과 같은 대응 방법들이 관찰되는데, 이 모든 방법들은 궁극적으로 한 체제로서의 자본주의의 위기를 더욱더 심화시키는 역효과를 내지 않을 수 없습니다.

> 보이지 않는 시장의 손으로 자기 조절 능력을 완전히 갖춘 것으로 잘못 알려진 자본주의도 10개월짜리 아이와 본질상 똑같습니다

첫째, 저임금 노동의 과도한 착취에 의한 초과 이윤 수취입니다. 이 방법은, 중국이나 월남 등 과거 '현실 사회주의' 나라였던 사회들 속에 자본이 침투해 저임금 노동력을 무차별 착취하는 것과, 핵심부/준 핵심

부(특히 한국이나 스페인과 같은, 노동자 보호가 잘 돼 있지 않은 사회)에서 상당수 노동자들을 비정규화시켜서 임금 착취를 강화하는 것 등을 총칭하는 것입니다. 그런데 이 방법은 자본 증식 속도 가속화의 일시적인 효과를 낸다 해도 결국 '벽'에 부딪치고 맙니다. 저임금 국가 노동자들의 투쟁에 탄력이 붙어 그쪽 임금은 결국 꽤 오르기 시작하고, 핵심부/준 핵심부의 비정규화된 노동자의 구매력이 떨어져 소비 시장의 위기가 오는 것입니다. 일시적인 이윤 극대화의 효과는 있어도 결국 장기 지속이 불가능한 수법인 셈이죠.

둘째, 기술 혁신에 의한 신상품 개발과 새로운 상품 시장의 창출을 들 수 있습니다. 컴퓨터, 인터넷, 소프트웨어, 휴대폰이 대표적 사례가 되는데, 신시장의 이윤이 처음에는 좋지만 결국 과잉 생산, 과잉 경쟁에 의해 깎여져 궁극적으로 위기가 오는 것입니다. 10여 년 전에 미국을 비롯한 여러 나라에서 '닷컴' 주식(인터넷 업체 주식)이 일제히 떨어지는 등 인터넷 기업 버블이 터져 경제 위기가 조성됐다가 이라크 침략 등의 특수로 일시적으로 모면돼 군수 업체 주식의 주도로 증시 전체가 올라간 것을 잘 기억하시고 계시지요? 신상품 시장의 불가피한 버블 형성과 위기를 모면하는 값은 폭탄, 포탄, 총탄, 수류탄의 연기 속에서 비참하게 죽어가거나 질병, 영양실조로 죽어나간 약 60~70만 명의 이라크 사람들의 몫이었습니다. 물론 이 체제 안에서는 비서구인의 목숨은 기본적으로 '인명'으로 인정되지 않기에, 이라크 침략을 주도한 부시 등의 전범들은 지금도 이 나라 저 나라를 즐겁게 돌아다니면서 자화자찬을 늘어놓고 있습니다. '전직 대통령'이라는 이름의 흉악범을 잡아갈 만한 기개가 있는 사법체계는 어디도 없습니다. 하기야, 흉악함에 있어서는 미국의 현직 대통령이든 전직 대통령이든 역사 속의 그 어떤 대통령이든 대체로 그 나물에 그 밥, 오십보백보입니다.

셋째, 산업부문에서 금융부문으로 자본이 유출됩니다. 주택담보 대출, 가계 대출의 미증유의 활성화에 따라 부동산 버블이 생겼다가 터지고, 가계 빚의 피라미드 밑에서 궁극적으로 신용 불량자들이 하늘만 아는 고통을 겪게 되고 소비시장은 결국 위축됩니다. 지금 한국의 경우 가계대출 금액이 가처분 소득의 146퍼센트 정도 되는데, 이건 이미 미국, 일본을 훨씬 능가하는 수준입니다. 지금까지는 다수의 가계부채를 늘리면서 은행 자본이 짭짤한 소득을 벌어들이고 있었는데, 머지않아 파산자의 대량화에 따라 은행 자본도 위험에 빠지게 될 것입니다. 어쩌면 가계부채의 버블은 한국형 신자유주의 위기의 도화선이 될지도 모르겠습니다. 금융화의 또 하나의 특징은 원자재와 자원, 특히 석유 등을 놓고 투기를 벌여 소득을 올리는 수법인데, 그 투기의 효과가 지금 비정상적으로 높은 배럴당 100달러 이상이라는 유가로 나타나고 있습니다. 그 결과로 위축되는 것은? 산업부문과 소비자들이죠. 결국 이윤 최대화를 노리는 투기자본은, 경제 전체의 수익성을 죽이고 맙니다. 도대체, 높은 데 잘못 올라갔다가 결국 거기에서 떨어져 죽을지도 모를 10개월짜리 아이하고 무엇이 다르단 말인가요?

넷째, 비시장적 부문의 시장화를 들 수 있습니다. 이는 무엇보다 의료와 교육의 시장화를 이야기하는 것입니다. 국내의 경우, '의료관광객'의 극심한 유치 정책 등은 잉여자본들이 의료부문에 마구 진출하려

하는 상황과 직결돼 있습니다. 사립대학의 실질적인 영리 기업화와 등록금의 살인적 급등도 이 경향의 일환입니다. 학생들을 등쳐먹고 비정규직 교원들을 등쳐먹고 청소 노동자까지 등쳐먹어야 대학 자본이 건설 자본에 발주를 해서 필요도 없는 새 건물을 짓게 하는 등 토건 자본주의 기본 틀을 유지할 수 있는 것입니다. 그 결과는? 상당수 학생들의 빈민으로의 전락인데, 그 비인간적인 측면들은 차치하더라도 궁극적으로 자본주의적 소비 시장의 장기 지속에 전혀 기여하지 못합니다. 소비 시장으로서는 여유 있는 고객들이 필요하지, 등록금을 내기 위해 굶다시피 해야 하는 고학생들이 필요한 건 아닙니다.

지금 자본주의의 문제는 과잉 생산의 위기입니다

이윤율이 계속 떨어지는 상황에서 잉여자본들은 어딜 가도 결국 그 결과는 수백, 수천만, 수억 명의 죽을 고생과 폭사, 병사, 전사, 그리고 궁극적인 경제의 치명적 위기와 공황의 도래입니다. 자본의 부채를 국가가 도맡아도 결국 국가가 파산 위기를 맞는 것이죠. 이 살인적인 체제는 수정 자본주의가 되던 그 어떤 자본주의가 되던 어차피 결국 고통과 사회적 위기만을 낳으리라는 것은 자명합니다. 자본주의의 문제는 자본주의적 방식으로 해결할 수 없습니다. 지금 자본주의의 문제는 과잉 생산의 위기입니다. 이것을 해결하자면 사회주의로 가야죠. 예를 들어, 노동시간을 법적으로 줄여서 새로운 일자리를 만들고 젊은이의 구매력을 높이고, 이렇게 하면 해결의 실마리가 보이지 않을까 싶은데요. 그런데 자본가들이 절대 안 된다고 나서는 거죠. 그러니까 이것은 자본주의적 방식으로는 해결이 불가능하고, 사회주의적인 방식으로 해결해야죠. 자본가의 끈질긴 저항으로 사회가 그렇게 가지 못했고, 결국에는 자본주의적 방식으로의 해결이 자본주의적인 세계화와 신자유주의였고, 그것이 사실상 패배당한 건데요. 그것이 위기의 핵심입니다.

자본주의의 사형선고

2008년 금융위기가 오면서 신자유주의가 위기를 맞을 거라고 생각했다가, 지금 어느 정도 수습이 된 것으로 생각하고, '역시 자본주의는 건재하다'라고 생각하는 사람들이 많아지고 있는 것 같은데요.

지금 같은 경우에는 장기 공황으로 가고 있다고 봐야 합니다. 2008년도에 시작된 공황이 전개되어 가고 있는 것뿐이죠. 2009년, 2010년 잠시 상태가 완화된 유일한 이유는 공적 자금을 많이 부어서 은행의 빚 문제를 잠시 해결해준 것뿐이었는데요. 문제는 국가 빚이 많아진 것이고, 그렇게 해서 결국 지금과 같은 유로존 사태를 만든 것이 아닌가 싶습니다. 결국에는 문제 해결이 안 된 것이고, 은행이 빚지느냐, 국가가 빚지느냐 선택의 문제였는데 은행 대신 국가가 엄청나게 빚을 지게 된 것이죠. 결국 위기의 본질은 자본주의적인 과잉생산, 자본 수익성 위기라고 봐야 하는 것입니다. 생산은 과잉화되고, 신자유주의적 정책으로 구매력이 떨어지는 상황에서는 자본 수익성이 바닥에 떨어지는 것인데요. 일단 그것이 언제 회복될지 지금으로서는 짐작하기가 대단히 어렵습니다. 그러니까 공황 탈출은 지금은 우리 가시권에 있지도 않아요. 지금 당장은 남부 유럽 국가의 줄도산을 방지할 수 있을지 아무도 모르는 겁니다. 탈출구가 전혀 보이지 않습니다.

자본주의는 이번 위기를 어쩌면 벗어날 수가 있을지도 모르죠. 일단은 대대적인 전쟁이나 어느 정도의 전시 군수를 통해서 일시적인 해결을 만들 수도 있고요. 지금 대 이란 전쟁 분위기를 만드는 것도 그것하고 관계가 있다고 봅니다. 이란과의 전쟁이라면 상당히 대대적인 전쟁이고, 장기화될 수도 있죠. 그 과정에서의 특수를 만듦으로써 잠시 경제에 숨 쉴 수 있는 기회를 주겠다는 얘기겠죠. 이런 부분도 있는가 하면 에너지 쪽이나 신소재, 신기술을 개발해서 일부 산업 부문의 수익성을 높여줄 수도 있고요. 자본주의는 지금의 위기를 어떻게든 탈출할지도 모르지만, 크게 봐서는 이미 그 수명을 다한 것으로 보고 있습니다. 일단 위기가 수습되더라도 유럽 안에서도 핵심부라고 할 수 있는 독일, 프랑스권과 남유럽 사이에 엄청난 괴리가 생겨서 신자유주의적인 유럽연합 범주 안에서는 남유럽의 빈곤문제를 해결할 수 없을 거고요. 나아가서 제3세계의 빈곤문제도 해결 불가능하다고 보는 것입니다.

무엇보다 환경 차원에서 본다면, 사본주의가 지속될 경우 환경 위기, 환경 참사로 이어지고, 지구에서 인류가 공멸될 것이 뻔합니다. 그러니까 이번에 장기적인 공황은 어떻게 되더라도, 혹은 어쩌면 수습될 수 있을지도 모르지만, 장기적으로 봐서는 자본주의를 어떻게 할 것인가, 하는 문제는 어차피 제기될 것입니다. 이번 공황의 결과와 무관하게 30, 40, 50년 이내에 우리가 자본주의를 어떻게 극복해야 할지 모종의 방법을 찾아야 할 것입니다. 지금 우리는 자본주의의 극복이냐, 인류의 공멸이냐, 크게 봐서 그런 화두를 안고 살고 있거든요.

과잉생산의 문제를 자본주의적 방식으로 해결할 수 없고, 사회주의적 방식으로 해결해야 된다고 하셨는데요. 1991년의 소련의 해체를 통해 사회주의는 끝났다고 주장하는 사람들도 많은데. 사회주의 방식은 실패했다고 보십니까? 아니면.

그게, 일단, 사회주의라고 부르기가 어려운 거죠. 러시아에는 어떻게 보면 일종의 국가 자본주의의 극단적인 형태가 있었던 겁니다. 국가가 유일무이한 고용주가 되어서 온 나라가 하나의 공장이 된 셈인데요. 국가 자본주의가 사회주의가 되자면 한 가지 중요한 요소가 필요합니다. 민주주의가 필요합니다. 일단은 개인 자본가가 배제되고, 사회가 계획적으로 경제를 운용하고, 연대의 원칙에 따라서 같이 하나의 큰 공장이 된 기업에서 일하면 되는 건데요. 경제 기획 입안과 추진, 또 정치적인 사회 운영이 민주적으로 운영이 되어야 사회주의가 되는 것이거든요. 사회주의는 민주주의의 극대화죠. 소련 사회는 10월 혁명의 역사적인 패배, 스탈린 시절의 보수화, 왜곡과 숙청, 독재화에 따라 민주주의적인 요소를 굉장히 많이 잃었습니다. 국가 자본주의는 있어도 민주주의는 없었습니다. 노동자들이 실질적으로는 계획, 그러니까 전국적인 경제계획의 수립에 전혀 영향을 미치지 못했죠. 당 지도자들과 기술 관료들이 했어요. 자기 공장의 조합원이어도 발언권이 거의 없었습니다. 전체적으로 자율적인 조직을 갖지 못했고, 굉장히 무력한 상태에 있었는데요. 그게 소련의 비극이라면 비극이었죠. 개인 자본가는 배제됐지만, 민주적 사회주의는 자리 잡지 못했습니다. 그런 것을 68년도에 체코에서 인간의 얼굴을 띤 사회주의라는 이름으로 극복을 시도했는데, 소련의 보수적인 관료들이 탱크로 그것을 진압하고 말았습니다. 비극이었죠. 그것도 그렇지만, 소련의 출발점은 후진국가였고, 자원은 제한되어 있었고, 미국과의 소모적인 냉전 속에서 엄청난 경제 군사화를 추진해야 했고, 실제로는 20퍼센트 정도는 군수 공업

> 문제는
> 자본주의냐
> 사회주의냐가 아니고
> 어떤 자본주의
> 어떤 사회주의냐
> 하는 겁니다

이었고, 그런 상황에서 기본적인 민중의 물질적인 요구를 충족시키지는 못하고 있었습니다. 물자 부족 사태라든가 이런 것이 계속 이어졌고요. 결국은 민주주의가 없는데다가 경제의 군사화 때문에 민중들의 물질적인 요구가 충족되지 않은 상태에서 민중의 불만이 누적됐고, 결국 그 불만으로서 사회주의에 대한 부정적인 여론이 80년대 말에 비등했고, 자본주의를 지향하는 일부 관료들이 그걸 이용해서 사회주의를 해체시켰고, 노동자들이 피땀으로 만든 공장들을 약탈하고, 강제적으로 사유화하면서 지금의 러시아를 만든 거죠. 문제는 자본주의냐, 사회주의냐가 아니고, 어떤 자본주의, 어떤 사회주의냐 하는 겁니다. 만약 프랑스라든가 노르웨이같이 기본적으로 민주주의가 되어 있는 나라에서 당장 모든

것을 소련처럼 국유화시키지 않고, 조금씩 먼저 노동시간을 계획적으로 줄이고, 사회 임금 제도를 시행해서 이제는 자기 노동을 팔지 않아도 기본 소득을 얻을 수 있게끔 사회를 연대 원칙으로 재편성시키고, 그다음에 조금씩 사기업에 대한 사회 통제를 높이게 되면 결국에는 소련보다 훨씬 더 좋은 민주적인 사회주의로 갈 수 있습니다. 문제는 뭐냐 하면 자본가 계급이 그걸 절대로 원하지 않는다는 거죠.

> 미래학자인 프란시스 후쿠야마는 자본주의가 영원할 것이라는 의미로 역사의 종말이라고 했는데요. 자본주의의 모순은 오히려 사회주의 정권의 몰락 이후 더 심해지는 것 같습니다. 견제 세력이 없어져서 그런 건가요? 자본주의 자체가 스스로 한계에 부딪힌 걸까요?

견제 세력이 없어진 것이 비극이죠. 소련이 민주국가도 아니었고, 사회주의라고 부르기도 어려웠지만, 미국하고 대립하면서 미국의 국제적 횡포를 어느 정도 견제했던 것도 사실이에요. 소련이 아직 존재했을 때는 북조선에서 기아 사태가 일어날 수 없었죠. 어느 정도 적당히 지원해줬기 때문에. 이라크 침략이라든가 이런 것도 소련이 존재했으면 일어나지 않았을 것 같습니다. 제3세계에서는 어디까지나 소련과 미국이 서로 견제했기 때문에 적어도 아무런 명분도 없고, 아무런 의미도 없는, 말 그대로 모든 국제법을 다 위반하면서 하는 독립국가에 대한 대대적인 침략은 어려웠을 겁니다. 소련이 존재했다면 미국의 횡포 역시 덜했겠죠. 대외적인 긴장감이 있다면 자본의 노동에 대한 개악적인 정책도 강하게 밀고 나가기 힘들뿐더러 노동운동이 격화되어서 친소련적으로 간다면 체제에 대한 위협으로 느껴질 수도 있으니까요. 그러나 이미 소련이 존재했을 때도 레이건과 대처가 영미권에서는 신자유주의로 나갔습니다. 소련이 존재했다고 해도 신자유주의로 나가는 것 자체는 예방할 수 없었죠. 소련의 몰락이 신자유주의적 광풍을 촉진시킨 것은 사실이겠지만, 이미 1980년대에 영국이라든가 미국에서는 신자유주의가 신념이었습니다. 경제주기 말기에 자본이 선택한 이윤하락을 단기적으로 만회하는 방법 중 하나였던 거죠. 어쨌든 소련은 단점들이 많았지만, 그 몰락이 세계 모든 인민에게 비극임에는 틀림없어요. 소련이 몰락하지 않았다면 세계 곳곳의 상황이 지금보다는 훨씬 좋았을 겁니다. 총자본이 노동계급의 급진화, 친소련화를 우려해서라도 신자유주의가 지금처럼 기승부리지 않았을 것이고, 미국에 대한 견제 세력의 존재로 인해서 미국의 국제적인 폭력이 현재만큼 심하지는 않았을 것입니다.

더 민주적이고 더 국제적인 싸움

오늘날 자본주의 위기 국면의 정도와 총노동의 대응 능력은 어떻습니까? 1930년대와 비교해서?

30년대는 세계적인 공산주의 운동의 황금기였죠. 탄압을 거세게 받고 있었지만, 파시즘이라든가, 자본주의에 분명한 대안을 제시했어요. 다만 공산주의 운동에는 수많은 문제점들이 있었습니다. 그건 분명한 거죠. 지나치게 중앙집중적이었고, 모스크바를 지나치게 믿었고, 그랬다가 스탈린의 반동에 대해서 눈치채지 못하고, 코민테른이 스탈린의 반동 체제를 추동하고 따르는 과정에서 그쪽에 끌려다니는 부분이 있었고요. 여성운동이나 성소수자 운동 등을 무시하면서 노동운동이나 혁명운동의 종속 변수로 생각하는 등 수많은 문제들이 분명히 있었습니다. 지금 시대에는 당연히 고쳐나가야 하고, 30년대보다 훨씬 더 민주적인 운동을 해야 합니다. 여성운동을 비롯한 여러 가지 부문 운동의 위상을 훨씬 더 높여야 합니다.

그리고 그 당시 공산주의 운동처럼 분명한 대안 제시가 필요하지 않을까, 또는 분명한 조직성이 필요하지 않을까 싶습니다. 조직이라고 말하면 잘못하면 민주적이지 못하다, 구시대적이다, 이런 인상을 줄 수가 있는데요. 자본은 굉장히 잘 조직되어 있거든요. 자본한테는 자본 자체의 조직이 있고, 그다음에는 전경련 등 자본 단체들이 있는 것이고, 또 국가라는 무소불위의 조직이 있습니다. 그러니까 우리한테 최소한의 조직이 없다면 어떤 운동도 제대로 전개할 수 없습니다. 지금도 노동자들, 모든 소외당하고 착취당하는 사람들에게는 강력하게 조직되어 있는 정당이 반드시 필요합니다. 저항운동의 핵심으로서의 정당이 필요하고, 그 정당과 유기적인 관계를 가지고 있는 노조와 청년 조

자본은 굉장히 잘 조직되어 있거든요 국가라는 무소불위의 조직까지 있습니다

직, 지역 조직이 당연히 필요합니다. 당연히 조직은 민주화되어야 하고, 30년대처럼 지나치게 지도자 위주, 중앙집중제로 운영되면 안 되지만, 역시 그 시대로부터 뭔가 배우자면 분명한 대안 제시와 조직 같은 것을 배울 수 있지 않을까 싶습니다.

자본주의를 극복하려면 어떤 방식으로 어떻게 가야 할까요?

말씀드린 대로 이번 공황의 결과와 무관하게 30년에서 50년 이내에 자본주의의 극복을 심각하게 생각해야 할 텐데요. 제가 지금 당장 10, 20년 이내에 우리가 그나마 해냈으면 하는 것이 충실한 복지국가와 정치·사회의 진보와 대북 긴장 완화와 탈군사화, 인민복지 위주의 사회 건설, 공공성 위주의 사회 건설, 그런 것입니다. 한국의 1인당 국민소득이 2만 달러 정도 되지 않습니까? 동유럽의 슬로바키아, 슬로베니아, 헝가리보다 약간 높은 수준인데, 그쪽에는 지금 비록 개악되고 있지만, 무상교육이 되고 있고, 역시 개악 중입니다만 무상의료가 있고, 모병제도 있습니다. 그건 충분히 해낼 수 있다고 생각합니다.

그다음에 전 세계적으로 자본주의 극복 문제가 대두될 텐데요. 일국사회주의보다는 결국 여러 나라들이, 또는 전 세계가 같이 자본주의 극복을 향해서 가는 것이 낫지 않을까 싶습니다. 일국 단위로서는 완전한사회주의를 실천하는 것이 대단히 어렵습니다. 우리한테 자원은 없고, 산업, 제조업이 많이 발전되어 있는데, 어차피 내부 시장으로 그것을 다 구매할 수 있는 것도 아니고요. 우리가 만들어내는 상품들을 국내에서

다 팔 수 있는 것도 아닙니다. 그리고 탈핵해야 하는데, 만약에 원전들을 장기적으로 폐쇄한다면 한국의 공업은 전력 부족으로 좀 어려워질 수가 있는 거죠. 지금 우리의 원전 의존율은 30퍼센트에 달하는데 이는 프랑스의 78퍼센트의 의존율에 비해서야 낮지만, 세계평균인 13퍼센트에 비해서는 높은 것입니다. 제조업의 에너지 집약적 성격 때문에 그렇게 됐습니다. 우리가 탈핵하자면 예컨대 러시아의 수력발전소들이 만들어내는 싼 전력을 한국으로 공급해야 하는데, 그렇다면 지금과 같은 시장 거래 방식은 지양되고, 비시장적인 교환이 가능한 모종의 국제적인 협력 구조가 만들어져야 하지 않을까 싶습니다. 일국 사회주의보다는 다국 사회주의, 지구 사회주의를 장기적으로 지향해야 되지 않을까 싶어요.

쿠바 같은 경우, 사회주의 체제를 독자적으로 발전시키고 있습니다. 소련의 몰락 이후 대외원조가 줄고, 미국의 봉쇄가 여전한 상황에서도 자체적으로 운영하고 있는데요. 쿠바나 베네수엘라 같은 나라는 어떻게 보시는지요?

쿠바나 베네수엘라 양쪽 모두 취해야 할 장점들도, 경계해야 할 부분들도 있습니다. 쿠바의 경우, 주요 생산수단의 공유화와 모범적인 복지체계(특히 의료체계는 개도국들의 모범으로 일컬어집니다)는 본받을 만하지만, 아쉽게도 통치체계가 민주적이라 하기 어렵습니다. 민주적 사회주의 사회에서는 대다수가 늘 정치, 사회적 결정들을 내리는 과정에 참여해야 하는데, 쿠바 역시 그러한 면에서는 많이 관료화, 중앙집권화돼 있습니다. 베네수엘라의 경우는, 민주적 사회임에 틀림없고 최근의 문맹퇴치 캠페인, 토지개혁, 기본적 복지제도 구축 등의 일련의 개혁들은 매우 고무적이지만, 자원 부문 이외의 주요 생산수단은 여전히 극소수 엘리트의 손에 장악돼 있는 등 사회주의라고 하기 어렵습니다. 민중 참여적 복지국가의 방향으로 발전돼 가지만, 아직도 자본주의체제라고 봐야 하는 거죠.

88만 원 세대와 1,000 유로 세대

자본주의, 신자유주의의 가장 큰 피해자 중 하나가 바로 20대 젊은이들인 것 같습니다. 그런데도 기성세대로부터 "깊이가 없다, 패기가 없다, 도전 정신이 없다"는 질타를 받고 있는데요. 좀 가혹하다는 생각이 들어요.

저는 한국의 20대들을 매주 만납니다. 제 수업을 듣는 학생들 중 한국인들이 많아요. 교환학생들이죠. 그 친구들을 만나면서 느낀 점이 있다면 90년대에 비해 많은 면에서 진보한 학생들이란 겁니다. 90년대 초반 제가 서울에서 봤던 투쟁 열기 같은 것이 없어진 것은 안타깝지만, 많은 면에서 발전했어요. 예를 들어, 인권적인 감수성이 훨씬 높아요. 제가

21년 전에 서울에 처음 갔을 때는 동성연애 같은 말을 할 수 없었어요. 그런 단어를 쓸 수도 없었죠. 동성연애가 아니고 변태라고 했습니다.(웃음) 대체 복무라는 단어도 없었습니다. 여호와의 증인 같은 '또라이'들이 군대에 안 간다고 했었죠. 당시에는 예비역 선배에 의한 후배 폭행 정도는 문제도 안 됐습니다. 요즘 같은 경우, 학생 사이에 누굴 폭행하면 인권문제가 되지만 그때만 해도 힘센 선배가 후배를 가르쳐준다고 몇 번 때리는 정도는 학생들 사이에서 별로 문제가 안 됐던 것 같습니다. 지금 20대 같은 경우에는 동성연애자에 대해서 개방적이고, 모든 남자들이 군대 가야 한다는 사고방식도 더 이상은 보이지 않죠. 한국이 다민족국가다, 이민자들도 같이 살아가야 된다, 이런 것도 상식으로 알고 있어요, 90년대 초반에는 그런 것을 상상할 수도 없었습니다. 그러니까 학생들은 진보했는데, 세상이 퇴보한 것이 문제입니다.

그리고 더 이상 자본이 일자리를 만들지 않아서 문제입니다. 젊은이들이 세상에 나와도 기껏 할 수 있는 것이 인턴이죠. 노동시장의 진입장벽이 너무 높아졌고요. 그 장벽을 넘자면 장기적으로 계속 임금착취를 당하고, 불안 노동 계열에 합류해야 하는 겁니다. 경력을 쌓기 위해서 거의 무보수로 일해야 하고, 필요하면 프리랜서로 몇 년 동안 일하면서 경력을 쌓거나 해외연수 같은 것을 많이 갔다 와야 되고요. 그러니까 진입장벽이 높은 만큼 비용도 많이 들죠. 그 과정에서 빚쟁이가 될 확률이 높습니다. 상당수는 연애할 에너지도 안 남은 것 같습니다. 연애하자면 여유가 있어야 되는데, 연애하고 싶어도 그런데 신경

> 연애하자면 여유가 있어야 되는데 상당수는 연애할 에너지도 안 남은 것 같습니다

쓸 겨를이 없는 거죠. 모든 신경을 집중해서 취업을 준비해야 하고, 해외연수 갔다 와야 하고, 자격증 따야 하고, 돈을 벌어야 하니까. 세상이 퇴보해도 너무 퇴보한 거죠. 젊은이들 탓할 것 하나도 없습니다.

> 노르웨이 20대들도 많이 접하실 텐데요. 한국 젊은이들과 다른 부분이 있습니까?

국내 독자들한테 시기 같은 감정을 유발할 수 있어서 자제하겠는데요.(웃음) 제일 큰 차이가 뭐냐 하면 노르웨이 청년들은 두려워하는 것이 전혀 없다는 겁니다. 취직에 대한 압박 같은 것을 전혀 안 받습니다. 중국어를 배우려고 매년 150명 정도 학생들이 들어오거든요. 그 학생들한테 왜 배우느냐 하면 중국어 가지고 취직을 하고 싶다는 학생은 4~5퍼센트밖에 안 됩니다. 나머지는 불교에 심취했다, 중국이 그저 좋아서 여행하고 싶다, 중국 영화가 좋다, 중국인 여자친구를 사귄다, 등등 취업에 대한 걱정이 별로 없습니다. 그런 걱정이 없다 보니까 비교적 학생 때 자유로울 수 있는데, 우리한테는 그게 하나도 없는 거죠.

> 그리스 20대들의 경우는 한국과 별반 달라 보이지 않는데요. 북유럽 외에 다른 유럽 국가들은 어떤가요?

남유럽의 경우에는 한국보다 젊은 층의 위기가 훨씬 심각합니다. 그리스처럼 청년실업률이 50퍼센트 정도라면 한순간도 생존공포를 놓을 수 없다는 이야기가 되죠. 요즘처럼 복지제도가 계속 개악되는 상황에서는 '실업'은 바로 '배고픔'의 위험을 의미하니까요. 다른 남유럽 국가들도 대체로 한국보다 더 심각한 시장압력이 젊은이들에게 가해집니다. 독일 이나 네덜란드, 핀란드, 스웨덴 등 위기가 조금 덜 심각하게 느껴지는 다른 서유럽이나 북유럽 국가의 경우, 노르웨이 정도는 아니지만 아직 까지 그래도 한국보다는 '젊음'이 조금 더 행복하게 느껴집니다. 무엇 보다 아직은 무상이거나 무상에 가까운 고등교육을 받을 수 있어서 적 어도 '등록금 고생'은 하지 않으니까요. 그러나 무권리 인턴들의 양산 은 독일만 해도 아주 심각한 문제로 부각되었습니다. 그러니까 우리 나 름의 특징은 있지만, 기본적으로 한국 청년층의 위기는 세계적인 경향 에 속하다고 봐야 합니다.

05

혁명을 꿈꾸지 않는
좌파는 없다

실패한 혁명에서 배운다

자본주의화된 러시아의 현재는 어떻던가요?

이미 러시아 사회는 절망의 도가니예요. 모스크바나 상트페테르부르크를 벗어나면 대다수는 찢어지게 가난하고, 다섯 명 중 한 명은 언제 굶을지 모르고, 개개인으로서의 러시아 사람한테는 희망이 전혀 보이지 않아요. 과거 소련에선 학교 옆에 유도 도장, 그 옆에 역도 도장, 또 그 옆에는 도서관이 있는 식으로 공공시설이 많았어요. 독서문화가 활발했고, 가난해도 서로 비슷한 처지여서 행복했죠. 그런데 지금 러시아는 지옥입니다. 사람 살 곳이 못 됩니다. 제 아버지는 2009년에 돌아가셨고, 어머니는 미생물학을 가르치는 교수였는데, 현재 어머니는 연금으로 생활합니다. 연금이라고 해봐야 고기 한 점 살 수 없는 수준이고, 언제 수돗물이 끊길지 모르는 슬럼 아파트에서 연명하는 신세예요. 우리 어머니처럼 대다수 사람들은 늙어서 연금생활자가 될 텐데, 절대다수의 연금생활자는 생존 자체가 불안할 정도로 가난합니다.

90세가 된 할머니가 치명적인 질환에 걸려 구급차를 호출할 때, 그전에도 자주 응급실에 갔던 그녀를 이제 아주 죽어버려 치료해주는 수고를 덜어주었으면 좋겠다는 마음으로 일부러 서너 시간 동안 기다리게 해서 결국 죽게 만드는 '의사'를 뭐라고 불러야 할까요? 그런 인간들이 '의사'라면 아우슈비츠에서 대량학살을 주도한 의학자이자 인류학박사 요지프 멩겔레도 '의사'였다고 봐야 합니다. '의사'들만 그런가요? 크고 작은 자본가들은 특히 아무 권리도 없는 중앙아시아계 이민노동자들에게 휴일 없는 근무, 하루 12시간씩의 살인적인 노동을 강요하고, 푸틴 계통의 집권 강도들이 그들의 지휘에 따라 러시아 보안기관의 주된 돈벌이 수단인 마약 밀수에 재산가가 가담하지 않을 경우에는 아무 혐의라도 조작해서 재산을 약탈하고 감옥에 보내는 나라에서는 정상적 인간이 정상적인 방식으로 거의 존재할 수 없습니다. 1970년대의 박정희 밑에서 자란 수많은 작은 박정희들이 출현해 직장마다 그 부하들의 생활을 지옥으로 만들었듯이, 하나의 큰 푸틴은 수많은 작은 푸틴, 즉 권력형 범죄자들을 길러 냅니다. 소련 인민들이 70년 동안 피땀을 흘려서 조성한 그 엄청난 국부를, 지금 이 떼강도들이 조직적으로 약탈하고 있는 것입니다. 희망은 전혀 보이지는 않고, 다음 세대가 잘살 거라는 보장도 없습니다. 무상교육이 거의 몰락했고, 좋은 대학에 가서 유상교육을 받으려면 중산층 이상

> 90세 된 할머니가 구급차를 호출할 때 그녀를 서너 시간 동안 기다리게 해서 결국 죽게 만드는 의사를 뭐라고 불러야 할까요

이 되어야 합니다. 희망이 없고, 절망밖에 없는 상태에서는 혁명밖에 탈출구가 없을 겁니다.

그 혁명이란, 적어도 농업용 토지와 대규모, 중간 규모 기업 및 모든 은행에 한해서 사유제 폐지와 의회민주주의 형태가 아닌 노동자 중심의 직접 민주주의에 의거한 새로운 소비에트식 민주주의의 도입일 것입니다. '민주화'가 아닌 급진적 변혁이 러시아 문제 해결의 중심에 서 있다는 것은 희망이라면 희망입니다. 이런 혁명을 가져다줄 수 있는 대중적 운동은 러시아에서 언제 일어날는지 지금으로서 예측하기 어렵지만, 한 번 일어나게 된다면 또 어쩌면 대한민국보다 러시아에서 승리하기가 더 쉬울 수 있을지도 모르겠습니다. 가까운 과거에 고속성장을 경험한 대한민국으로서는 자본주의는 대중의식 속에서 아직도 성공과 연결돼 있지만, 러시아 자본주의는 그저 끔찍한 실패작에 불과합니다. 이번 러시아 여행에서 이 사실을 다시 한 번 확인한 것은 주요 소득이었습니다.

> 러시아 역시 부자들은 혁명을 바라지 않겠죠? 하층민들의 부자
> 에 대한 시각은 어떻습니까?

당연히 좋지 않죠. 제일 큰 문제는 사회주의가 망하고 나서 일부 부패한 관료들이 사회주의 때 노동자들이 피땀으로 만든 공장이라든가 지하자원을 사유화시킨 건데요. 절대다수의 민중들은 그런 정권의 정통성이라든가 부자들을 믿지 않거든요. 한국 부자들도 사회적 평판이 좋지 않기

는 마찬가지지만, 러시아 부자들은 훨씬 더 반사회적으로 인식됩니다. 절대다수의 러시아 사람들에게 부자는 약탈자나 도둑의 다른 이름일 뿐입니다. 우리는 부자에 대한 인식이 양면적입니다. 부정부패, 정경유착으로 인식하는 면이 있는가 하면, 기업을 키웠다는 인식도 있잖아요. 러시아 같은 경우에는 키운 것도 하나도 없고, 사회주의 국가로부터 약탈한 사람들이라는 인식이 워낙 팽배해서 기업인을 존경하는 사람은 거의 아무도 없습니다. 자본주의적 세뇌를 강하게 받은 일각의 젊은이들 말고요. 가장 큰 문제는 고질화된 빈곤이 전혀 해소되지 못하고, 현실화된다는 데 있어요. 한국도 IMF사태 이후로는 기본적으로 비슷한 방향으로 가고 있죠. 고질화된 빈곤이 늘어나고, 빈민층이 계속 확대되기만 합니다. 러시아는 빈곤층의 범위가 한국보다 두 배 이상 큽니다.

> **절대다수의 러시아 사람들에게 부자는 약탈자나 도둑의 다른 이름일 뿐입니다**

러시아를 보면서 한국의 보수주의자들은 "그것 봐라, 공산주의 종주국이 망한 것을 보면 사회주의가 실패한 것 아니냐? 사회주의는 시대착오적이다"라고 공격합니다.

사회주의는 한 나라, 러시아 같은 후진국에서만 실시될 수 있는 것은 아닙니다. 소련에서 있었던 제도는 사회주의라고 부르기도 어렵지요. 개인 자본가는 없고, 개인 자본가의 이윤 극대화를 위한 착취는 없었지만, 이윤을 총괄하는 곳이 국가다 보니까, 국가가 소유하는 자본의 확대재생산을 위해서 노동자들을 지배하면서 그들이 만들어내는 잉여를 관리했다고 봐야 합니다. 그것은 우리가 알고 있는 자본주의도 아니지만, 그렇다고 해서 사회주의라고 부르기도 어렵습니다. 노동자들의 발언권이 극히 제한되어 있었으니까요.

어떻게 보면 국가자본주의라는 말도 어폐가 있습니다. 개인 자본가가 없는 제도를 자본주의라고 부르기는 적당하지 않으니까, 일종의 국가화된 경제로 부르면 더 정확할 것 같기도 하고요. 그런데 국가화된 경제는 탈자본주의의 유일한 방법은 전혀 아니지만, 만약 후진국인 러시아에서 실시되지 않고, 선진국가 또는 자본주의 핵심부에서 약간 다른 방식으로 실시된다면 다른 효과도 나타나지 않을까 싶습니다. 러시아 같은 경우에는 자원이야 풍부했지만 애초부터 기술은 떨어졌고, 과학기술 연구 수준은 일부 부분에서는 미국을 앞질렀지만 다수의 부분에서는 서구와 미국의 수준을 따라잡지 못하고 있었습니다. 게다가 냉전 상황에서 고립되었었기 때문에 경제 선진화가 힘들었습니다. 외국 기술 도입 같은 경우에도 자본주의 국가들이 만든 장벽들 때문에 힘들었죠. 만약에 그런 고립에 빠진 후진국이 아니라, 선진국들이 경제를 국가화하지 않고 사회화한다면 결과가 조금 다르게 나타날 수 있습니다. 소련 같은 경우는 고립도 문제였지만, 전반적인 국가화를 실시함으로 인해서 사실은 많은 면에서 낭패를 본 것이죠. 만약 핵심부에서 은행을 비롯한 대기업을 사회화하고, 금융제도를 이윤극대화가 아닌 우리 모두의 생존을 위해서 운영하고, 중소기업들에게 어느 정도의 활동 자유를 보장해주고, 물자 부족 상태를 방지하기 위해 적어도 소비시장을 규제했다면,

상황이 전혀 다르게 전개될 수도 있지 않았을까 싶습니다. 그러니까 문제는 사회주의냐, 자본주의냐가 아니고, 어떤 방식으로 우리가 자본주의를 탈피할 수 있을까, 이게 문제죠. 꼭 소련의 방식만이 유효하지도 않으며, 전혀 완벽하지도 않았으며, 소련의 쓰라린 경험을 배워서 다르게 하면 되잖아요. 일단 정치적 민주주의를 당연히 보장해야 하고, 그리고 다당제 민주주의보다 조금 더 높은 노동자 민주주의 단계로 가면 되지 않을까 싶습니다. 소련이 하지 못 한 것을 우리가 하면 되는 거죠.

꼭 소련의 방식만이 유효하지도 않으며 전혀 완벽하지도 않았으며 소련의 쓰라린 경험을 배워서 다르게 하면 되잖아요

레닌은 죽지 않았다

아무리 소련의 경험이 쓰라렸다지만 레닌이 너무 과소평가(?)된 경향이 있습니다. 레닌으로서는 좀 억울하지 않을까요? (웃음)

레닌은 1980년대까지만 하더라도 운동권 내에서 소위 비판할 수 없는 아이콘 중 한 명이었습니다. 레닌의 사상 자체가 좋아서라기보다는 현실적으로 "소련이란 막강한 국가를 만들었다, 그 국가가 사회주의였다"는 식의 소련의 사회주의 막강함에 대해서 이끌리는, 국가주의적인 본능까지도 깃든 그런 생각이었죠. 그러니까 당연히 소련이 망하고 나니까 레닌 숭배도 망하고 말았죠. 이렇듯 근거 없는 숭배는 근거 없는 비방으로 교체됩니다. 근거 없는 비방이라는 게 무엇이었냐 하면, "사실 레닌은 아주 비민주적이었다, 음모자였다, 처음부터 독재자 소질을 가지고 있었다"는 식이죠. 게다가 정치적으로 봤을 때에는 "배타적인 고대담론이니 더 이상 자본주의 시대에 맞지 않는다"든가 하는 식의……. 90년대 한국에서 레닌은 일종의 동네북이었습니다. 레닌을 좀 때려줘야 멋있어 보였죠.(웃음) 이처럼 근거 없는 숭배에서 근거 없는 비방으로 가면서 그 과정에서 놓친 게 있지 않나 싶어요. 그리고 그 기간이 90년대 초반부터 지금까지 이어질 정도로 너무 길었어요. 진보정당 내부에 있는 젊은 사람들이나 지식인들조차도 "사회주의 빼버리자"라고 합니다. 한국 지식인 사회가 철저하게 자유주의화된 거죠. 그런 면에서는 일본하고 다를 바가 없을뿐더러 오히려 더 심하죠. 일본은 프롤레타리아 정당 전통과의 계승 관계를 표방하는 (물론 동시에 현재 '전국민적 정당'임을 내세우기도 하는) 공산당이라도 있는데 우리나라는 없으니까.

'레닌 죽이기'는 우리나라뿐 아니라 소련 붕괴 후의 러시아에서 더 가속화됐습니다. 권력의 정당성을 레닌으로 상징되는 구 공산주의 이데올로기에 대한 공격으로 확보하고자 했던 것입니다. 그런데 흥미로운 것은 그런 공격을 주도했던 대부분의 사람들이 과거에는 공산당원임을 자랑스럽게 여기던 사람들이라는 것입니다. 하지만 더욱 신기한 것은 레닌에 대한 공격을 아무리 강하게 시도해도 레닌은 결코 죽지 않는다는 점입니다. 러시아에서는 아직도 국민의식조사 같은 작업을 하는데, 아직도 대다수의 응답자들이 역사 속에서 레닌의 역할을 긍정적으로 평가합니다. 특히 반사회주의적 교육을 가장 심하게 받은 고학력자층에서 긍정적으로 평가한다는 답이 더 많이 나옵니다.

신기한 것은 레닌에 대한 공격을 아무리 강하게 시도해도 레닌은 결코 죽지 않는다는 점입니다

'레닌 죽이기'의 시도가 강한 만큼 되살아 나타나는 레닌, 이런 결과를 만들어낸 원인은 뭘까요? 그것은 무엇보다 레닌이 그 어떤 혁명 지도자들보다 빨리, 그리고 정확하게 '소비에트'의 가능성을 인정하고, 그것을 혁명의 원동력으로 삼았다는 점에서 찾을 수 있습니다. 소비에트는 사실 정통 마르크스주의 진영에서 나온 아이디어가 아니었습니다. 소비에트는 원래 '조언'이란 뜻을 가지고 있는데, 러시아 혁명기의 소비에트는 무엇보다 서로 조언을 주고받고 논의하는 기구이자 장소로 평등한 관계를 전제로 한 수평적 소통을 지향하죠. 기원을 찾자면 19세기 유럽의 아나키스트 운동이라 할 수 있습니다. 하지만 그것이 러시아에서는 대중의 자구책으로 활용되고, 레닌이 그 가능성을 인정하면서 사회주의 혁명 운동과 맞물리게 되었던 것입니다. 1917년 '모든 권력을 소비에트로!'라는 볼셰비키당의 구호만 봐도 레닌이 얼마나 소비에트를 중요하게 생각했는지 알 수 있습니다. 소비에트는 거의 직접 민주주의와 같은 방식으로 운영되었습니다. 노동자 대표를 직접 선출하고, 얼마든지 대중이 자신들의 대표를 소환할 수 있는 형식으로 말입니다. 레닌은 그러한 소비에트를 구조를 보면서 '국가 아닌 국가', '권력 아닌 권력'을 구상할 수 있었던 것입니다. 물론 지금 레닌을 불러낸다는 것은 뼈아픈 실패 속으로 들어가는 것이지만, 그 실패의 사유를 통해 새로운 출구를 찾을 수는 있을 것입니다.

폭풍 전야

우리나라를 '신자유주의와 독특한 기업국가형 중상주의를 겸비하는 규율국가'라고 규정하고 계시죠. 그렇다면 우리나라에서의 변혁의 가능성은 어느 정도 있다고 보십니까?

중국을 보시죠. 우리가 그나마 성장을 하는 것이 절반 정도는 중국의 덕이니까요. 중국은 모택동의 이야기로는 신민주주의, 그리고 사회주의 아니었습니까? 그런데 지금은 민주주의도 없고, 사회주의도 없습니다. 실제로는 어떻게 보면 가장 악랄한 자본주의적 착취가 가능한 것이 중국이지 않습니까? 한국 재벌이 가장 투자를 많이 하는 국가가 중국이고, 거기에서 큰돈을 벌어들이면서 한국 경제와 불가분의 관계를 맺고 있는 것이죠. 그런데 민주주의도 사회주의도 없는데, 착취 정도는 상상을 초월하는데, 중국이 어떻게 버티고 있습니까? 탄압으로만 버티는 것도 아니잖아요. 중국의 현 정권이 버티는 이유는 매년 9~10퍼센트 이상의 성장률이 있기 때문입니다. 이런 고속성장이 가능한 상황에서는 노동자들이 비록 살인적인 착취를 당해도 아직은 노동자를 벗어날 희망이라도 보이는 거죠. 일자리가 만들어지고, 하다못해 식당이나 가게라도 차릴 가능성이 보이는 겁니다. 그래서 노동자들이 상상 이상의 착취를 당해도, 빈곤한 농민에서 노동자가 되는 것을 일종의 신분상승으로 생각하게 되는 거죠. 경기가 좋아 그나마 월급이 나와서 휴대폰이라든가, 컴퓨터 같은 것들을 구매할 수 있고, 돈을 모아서 가게를 차릴 수 있다

는 정도의 희망을 갖고 사는 겁니다. 만약 중국의 성장률이 7~8퍼센트

중국이 버티는 이유는 매년 9~10퍼센트 이상의 성장률이 있기 때문입니다

이하로 떨어지면 체제가 정말로 위험해질 수 있는 겁니다. 왜냐하면 더 이상 그런 꿈이 현실이 될 수 없기 때문이죠. 그러니까 성장으로 유지되는 사회라는 점에서 한국도 비슷합니다. 아직도 어느 정도는 성장이 가능하니까요. 중국 경제와 짝을 잘 맞추어서 동반성장

하는 부분도 있고, 한국 제조업이 세계적으로 차지하는 나름의 위치가 있어서 수출이 가능할 때는 그나마 성장이 되죠. 성장해가는 상황에서는 다른 모든 것이 다 잘못되어도, 예를 들어 비정규직의 처우가 나쁘고, 가계빚이 미국과 일본을 초월하고, 청년들이 대학 졸업하고 취업해봐야 안 좋은 일자리밖에 없는 등 모든 것이 대단히 나빠도 아직까지는 대량 실업 사태는 없거든요.

하지만 만약에 성장이 1년 이상 내지 2년 이상 멈춘다면 사회가 유지되기 어려워질 겁니다. 왜냐하면 모든 문제에다가 대량 실업이 첨가될 것이고, 가계빚 피라미드가 무너지기 시작하고, 그다음에 집값 피라미드가 무너지기 시작할 테니까요. 그런 상황에서는 대대적인 충돌을 피하기가 어려울 겁니다. 지금 세계 공황이 장기화가 되어가고 있는 상황에서는 한국의 경제 성장이 제로에 가까워질 가능성이 적지 않죠. 그렇게 되면 가계빚 문제가 어려워질 것이고, 2007년 스페인처럼 부동산 시장이 무너질 경우 상당한 사회적 충돌을 상상해볼 수 있지 않을까 싶습니다.

몇 년 지나면 한국도 남유럽같이 자본주의의 모순이나 한계가 드

러날 수 있다는 건가요?

생각해보시죠. 중국의 고속성장이 영원하지는 않거든요. 지금도 조금씩 연착륙의 조짐이 보이면서 성장률이 줄어들기 시작했습니다. 그다음, 한국의 시장들은 중국 다음으로는 유럽의 핵심부 자본주의 국가들인데, 유럽 같은 경우는 장기 공황에 접어들었다고 봐야 합니다. 적어도 10년 이상 공황이 지속될 것이고, 남유럽 같은 경우는 전망이 아주 불투명합니다. 체제 자체가 위협을 받고 있다는 진단도 나오고 있습니다. 그러니까 유럽은 장기 공황에 잡혀 있는 것이고, 신흥 시장들 같은 경우에는 아직까지는 중간 규모의 성장이 계속되어 가고 있지만, 미국과 유럽이 계속해서 침체 내지 공황에 빠져 있는 상황에서 신흥 시장의 전망도 다소 불투명합니다. 그런 상황에서는 한국 재벌들의 수출 능력이 계속 예전과 같으리라고 보기 어렵죠.

문제는 무엇인가 하면 한국이 독일이나 북유럽 국가들처럼 1~2퍼센트로 성장이 낮아진다면 일단 수출이 둔화될 것이고, 수출이 둔화되면 엄청난 해고가 불가피할 것입니다. 재벌 공장보다는 하도급 공장들, 중소기업부터 해고 사태들이 생길 거고요. 해고보다도 더 큰 문제는 청년 실업인데요. 지금 실질적인 청년실업률을 20퍼센트 정도로 추산하고 있습니다. 공식 통계는 그것보다 훨씬 낮은 수치겠지만, 통계에 안 잡히는 것이 많습니다. 부모한테 얹혀살거나 취업 준비하는 사람은 통계에 안 잡히거든요. 물론 한국은 아직은 가족주의 국가이기 때문에 남유럽에 비해 청년들이 부모들한테 의존하는 폭이 크지요. 여러 가지 기제들이 있어서 형편은 달라지겠지만, 결국엔 88만 원 세대의 반란을 맞이하게 될 것 같습니다.

시장 자본주의의 파산

우리가 원하든 원하지 않든 자본주의의 총위기가 빚어내는 '혁명적 시대'로 진입하고 있다는 말씀이네요.

요즘 몇 년 동안의 세계정세를 한마디로 요약하자면 '파산'이라는 단어가 제일 적합할 듯합니다. 실물경제에서 이윤율 저하에 부딪힌 금융자본들이 지난 10~15년 동안 각종 투기와 고위험의 대출 등을 일삼다가 2008년에 줄파산을 하기 시작하고, 천문학적인 공적자금을 부어서 그 줄파산을 겨우겨우 막은 주요 국가들도 이제 그 부채 부담이 감당 못할 정도로 늘어난 만큼 파산의 위기에 처해지고 말았습니다. 그리스의 공식적인 파산은 어쩌면 이제 시간의 문제일지도 모르겠는데, 부채 대 국민총생산의 비율이 119퍼센트에 이른 이탈리아만 해도 얼마든지 파산 시나리오를 생각해볼 수 있는 것입니다.

그리스와 이탈리아만 그런가요? 유로존의 독일과 프랑스, 네덜란드, 핀란드 등 몇 개 국가를 빼면 나머지는 거의 다 궁극적으로 파산으로 치달을 수 있는 연속적 재정 위기 상태에 놓여 있습니다. 개별적 국가들만의 파산이 문제가 아닙니다. 유로존, 나아가서 유럽연합이라는 시장통합의 이념 자체가 사실 이미 파산된 거죠. 그리스 은행들이 만약 독일 정도의 저금리 정책을 따르지 않았다면, 그리고 그리스 정부가 독립 화폐를 발행하여 경기부양책이라도 제대로 쓸 수 있었다면 위기는 있어도 지금과 같은 파국은 없었을 것입니다. 유럽 중심부의 제조업자와 은행가들의 편의에 따라 만들어진 유로존은, 한때 그리스와 같은 준 주변부 국가들에게 허구적인 '성장'의 당근을 던져주었다가 이제 그들을 나락으로 끌고 간 셈입니다. 금융자본 국가에 이어서 유로존이라는 '자본을 위한 영토 구축'의 아이디어가 파산을 맞은 셈이죠.

궁극적으로는 지금 파산을 맞고 있는 것은 시장 자본주의 그 자체입니다. 우리가 직면해야 할 진리는, 이윤을 추구하는 시장 경제가 장기적으로 자기보존과 지속을 제대로 못 한다는 점과 그 누구도 행복하게 만들지 못한다는 점입니다. 경기 주기의 추이에 따라 이윤은 계속 떨어지게 돼 있기 때문에, 자본은 자꾸 투기와 고위험의 약탈적 금융으로 가면서 빚폭탄을 만들며, 거기에다가 초과이윤을 추구하는 차원에서 비정규직 등의 형태로 노동을 초토화시킴으로써 결국 자기 내수기반부터 파괴시켜 그 자체의 확대재생산의 가능성을 봉쇄하고 말 것입니다.

이러한 측면에서 보면 자본은 자기파괴적 속성을 내재적으로 갖고 있는 것입니다. 국가적 통제가 전혀 없는 시장경제라는 것은, 운전자가 없는 자동차와 똑같은 것입니다. 사람 몇 명 쳤다가 나무나 가로등에 박혀 폭발되고 말 뿐이죠. 국가가 구원투수 노릇을 해도 자본의 위기가 말끔히 해결되는 것은 전혀 아닙니다. 은행의 빚을 국가가 떠맡았다가 국

가 그 자체가 부도 위기에 봉착하고, 아프가니스탄부터 지금의 리비아

국가적 통제가 전혀 없는 시장경제라는 것은 운전자가 없는 자동차와 똑같은 것입니다

까지 신식민지 침략 전쟁을 통해서 군수복합체를 살려 특수를 만들었다가 역시 전쟁 비용으로 더욱더 휘청거리게 됩니다. 70~80년 전처럼 파쇼 독재를 세우고 세계대전 하나쯤 일으키는 것은 이와 같은 과잉생산, 이윤저하 위기 국면들의 가장 '확실한' 방법이지만, 핵무기 시대에는 다행스럽게도(?) 이 세계의 통치자들마저도 이와 같은 '극한 처방'을 그렇게 쉽게 생각하지 않습니다. 준비는 늘 돼 있겠지만요.

그런데 큰 전쟁은 나지 않아도 자본주의 중심부에서마저도 다수의 삶은 점차 비참해지고 있습니다. 유럽연합 내 15~24세 젊은 층 사이의 실업률은 21퍼센트입니다. 단순 사무직마저도 이제 별 따기로 인식되는 거예요. 스페인은 약 38퍼센트의 젊은이들이 직장이 전혀 없거나 각종 아르바이트를 전전하고 있는 형편이에요. 운이 좋아 직장이 잡혀도 삶의 질이 기대만큼 높아지는 것은 아닙니다. 유럽의 노동 강도는 우리의 '위대한' 대한민국과는 비교는 안 되지만, 점차 '한국화' 돼갑니다. 네덜란드처럼 노동자 권리가 그나마 보장돼 있는 사회마저도 약 10퍼센트의 노동자들은 만성피로에 시달리고 있으며, 독일에서는 최근 4년 동안 우울증 약물 판매가 약 40퍼센트나 늘어났습니다. 미국처럼 가장 야만적인 자본주의 국가는 굳이 이야기하지 않아도 알 만하죠. 70퍼센트의 부모는 "일 때문에 아이들에게 신경 쓸 틈이 없다"고 하소연하고 약 33퍼센트는 "극심한 직장 스트레스에 시달린다"고 전합니다. 점차 늘어나

는 불안, 영구적인 스트레스, 과도한 착취와 사회적 소외로 인한 우울증과 늘 불행한 느낌, 자본주의 위기 시대의 황폐화된 우리의 내면 풍경입니다.

'월가 점령'을 비웃는 투기자본

자본주의가 위기로 가고 있지만 새로운 변화를 이끌어 갈 세력은 아직 약한 것 같습니다.

오늘날 자본주의 위기 국면의 정도는 1930년대 초반을 능가하고 있지만, 총노동의 대응 능력은 오히려 그때보다 훨씬 못 미칩니다. 반독재 투쟁의 경험이 있는 그리스는 그나마 전투성이 좀 있는 공산당과 급진 노조라도 남아서 현재 투쟁을 이끌어가고 있지만, 대다수의 중심부 국가에는 혁명 정당이 아예 없거나 힘없는 동호회로 전락하고만 상태입니다. 그래서 자본주의의 위기에 대한 대응 방식은 많은 경우에 다소 '게릴라적'입니다. 가난한 사람들의 '게릴라성 투쟁'은 지난번 영국에서의 빈민 반란이나 6년 전의 프랑스 파리 부근 위성도시의 반란과 같은 형태로 진행되지만, 중산층 특히 젊은이들의 '게릴라성' 투쟁은 3년 선 우리의 '촛불시위'나 최근 스페인의 주요 도시 광장 점거 농성, 그리고 미국에서 이루어지는 '월가 점령 운동' 등 덜 폭력적인 형태로 전개됩니다. 이 '게릴라성 투쟁'의 중요한 특징은, 잘 표명된 구체적 의제가 없거나 표명적 의제와 진정한 의제가 상당히 괴리가 있다는 것입니다. 예컨대 3년 전 우리 촛불시위의 경우, 표명적 의제는 쇠고기 수입과 졸속 굴욕 대미 협상이었지만, 실질적으로는 새로운 극우정권의 신자유주의적 정책에 대한 종합적 불만이 막 터진 것이었습니다. 지금 '월가 점령 운동'은 '은행업자 반대'를 외치고 있지만, 그 은행들을 도대체 어떻게 처리해야 하는가에 대해서는 전혀 의견이 통일돼 있지 않습니다. 공적 자금을 그만 부어야 하는가? 보다 강하게 통제하고 보다 많은 세금을 부과해야 하는가? 국유화해야 하는가? 운동 안에서도 이 문제와 관련되는 대립을 면하려고 통일을 추진하려 하지 않습니다. 이것은 운동 초기로서의 불가피한 측면일 수도 있지만, 결코 장점은 아닌 것이죠.

촛불시위 때 일부 '진보적 지식인'들은 "지도자도 지도 단체도 없는 자율적 운동"을 칭찬했지만, 이는 아나키스트적 '포스트 담론'들이 빚어낸 엄청난 오류였습니다. 끝내 운동을 지도하고 제도화할 만한 정당 등이 나타나지 않았기에 결국 탄압에 꺾여 몇 개월 만에 사그라들고 말았습니다. 운동을 계속 끌고 갈 강력하고 급진적인 좌파정당이 있어야 자본주의 위기를 노동자적 입장에서 해결할 힘이라도 가질 것입니다. '게릴라성 운동'은 초기로서는 좋지만, 돌파력도 지속성도 크게 모자라 오래가기가 힘들죠.

그렇다면 '월가 점령 운동'은 앞으로 어떻게 전개될 거라고 보십니까?

사실 제가 보기에는 점령하라, 식의 운동이라는 것은 운동의 첫 번째 단계에 가까운 것 같습니다. 월가를 점령해도 건물 안에서의 투기는 계속 벌어지지 않습니까? 월가의 폭리 획득과 투기를 중단할 수 있는 건 아니거든요. 다분히 쇼적인 요소가 강한 거죠. 길거리에서 시위를 벌이지만, 그렇다고 자본주의를 마비시킬 수 있는 것도 아니고, 경제에 어떤 영향을 미치는 것도 전혀 아니지 않습니까?

미래가 없어진 젊은이들이 분노를 표출하는 것인데, 그 분노는 사실 아주 당연하고도 정당한 겁니다. 그 구조에서는 대다수의 젊은이들이 아무 미래가 없는 거죠. 제3세계 젊은이들의 미래라는 것은 저임금 착취 구조 속에 들어가서 애플이나 삼성의 이윤 만들기에 희생되는 것이고요. 실업률이 높은 유럽이나 미국 같은 경우에는 상당수의 젊은이들이 착취를 받을만한 자격도 얻지 못해서 그저 사회로부터 소외되는 실업층으로 고정되었다가, 그다음에는 자기 자신의 인생도 제대로 개척하기가 어려울 지경에 이릅니다. 결국에는 자본주의가 그들에게도 제3세계 젊은이처럼 저임금을 받고 일하라고 압력을 주고 있는데, 그렇게 일하고 싶지는 않고, 결국 착취를 당하느냐, 소외되느냐, 둘 중 하나를 택해야 되는 상황입니다. 그래서 그들이 분노를 일으키는 거죠.

그런데 문제는 뭐냐 하면 점령하라, 가지고는 아무것도 할 수가 없다는 데 있습니다. 그런 산발적인 운동은 효율이 극도로 낮죠. 정말 제대로 운동을 하자면 자본주의 체제의 가동을 멈출 수 있는 그런 저항이 필

> 월가를 점령해도 건물 안에서의 투기는 계속 벌어지지 않습니까 다분히 쇼적인 요소가 강한 거죠

요한 거죠. 훨씬 더 거센 저항이 필요합니다. 무엇보다 노동운동에 전념해야 할 것 같습니다. 노동운동과 힘을 합쳐 파업을 통해서 실질적으로 타격을 가할 수 있는 방법을 찾아야 할 것 같아요. 그리고 본인이 있는 곳에서 체제 가동에 어떻게 타격을 줄 수 있는가를 연구하는 것이 좋지 않을까 싶습니다. 예를 들어 그들 중에 학생들이 많은데, 대학에서는 동맹 휴업을 하고, 등록금 납부를 거부하는 식으로 대학 장사에 어느 정도 타격을 줘야 대학의 탈산업화 같은 것이 가능해지지 않을까 싶습니다.

그러니까 훨씬 더 거센 저항이 필요한 것이고, 훨씬 더 정확한 조직이 필요합니다. 월가 점령 시위대 같은 경우에는 조직 생활도 거부하려는 아나키스트적인 움직임도 보였는데요. 민주주의 때문에 조직을 거부한다면 아무 운동도 할 수 없습니다. 그렇게 해서는 힘을 얻을 수가 없죠. 무엇보다 자본주의를 왜 폐기해야 하는지, 자본주의를 폐기해놓고 어떻게 살아야 하는지, 이런 것에 대한 이론적인 정리가 되어 대중들이 이론적으로 무장하고 있어야 할 것 같습니다.

월가를 점령하는 시위대의 요구가 어떻게 되어야 한다고 생각하시나요?

그러니까 은행이라는 것이 정확히 따진다면 사립 은행, 이윤추구 은행이라는 것이 있을 수 없습니다. 은행이라는 곳은 결국에는 시민들의 돈을 운영하는 곳이지 않습니까? 어려움에 처한다고 해서 은행이 파산되는 법이 없잖아요. 국가가 당장 공적자금을 투입해서 구제해주잖아요.

그러니까 국민 경제를 위험에 빠뜨리면서까지 은행을 구출해줍니다. 그런 의미에서 본다면 시민의 돈을 운용하고, 국가의 공적자금에 의존할 수 있는 은행은 더 이상 사기업일 수 없습니다. 공기업이죠. 성격상 공기업인데, 소유 형태상 사기업이죠. 은행은 대다수가 주식회사들이고, 주주의 배당금을 최대화하기 위해서 경영 방침이 단기 이윤 위주로 짜여 있는 것입니다. 그러니까 온갖 투기라든가, 고위험 투자에 뛰어들어서 운영하다가 경제 전체를 위험에 빠뜨리는 거죠. 이걸 해결할 수 있는 유일한 방식은 은행의 국유화입니다. 그리고 국유화는 단순한 전술이 아니고, 장기화 전략이어야 되고, 무상몰수 방식으로 이루어져야 합니다. 자본가들한테 실질적인 타격을 줘서 다수를 살리는 방향으로 가야 하지 않을까 싶습니다. 기관 투자 같은 경우에는 무상몰수가 얼마든지 가능합니다. 이것 역시 자본주의의 사유제 원칙과 충돌할 수 있어서 사유제 원칙에 길들여진 다수 미국인에게는 부자연스럽게 들릴 겁니다. 그들이 내면화하고 있는 자본주의 원칙에 맞진 않기 때문인데요. 자본주의를 붙잡았다가 다 같이 공멸할 수가 없으니까, 차라리 대다수의 생존을 위해서 자본주의를 포기하는 것이 낫지 않나 하는 생각인데요. 아직은 '월가 점령 운동'과 같은 '게릴라성 운동'들을 총집결시켜 그 힘으로 체제에 강력한 타격을 가할 세력은 보이지 않고 있습니다. 그러나 이는 시간이 해결할 문제일 수도 있죠. 운동이 커져가면서 탄압을 받게 될 것이고, 탄압을 받는 과정에서 더욱더 급진화할 것이고, 급진화된 상태에서는 은행의 국유화와 민주적 계획경제만이 자본주의 문제의 궁극적 해결이라는 부분이 보다 널리 인식될 것입니다. 이러한 인식이 어느 정도 공유되면 그 운동의 일부라도 대중적인 좌파 정치 운동의 바탕이 될 수도 있을 것입니다. 매카시즘 광풍 이후로 대중적 좌파 정당이 없었던 미국으로서는 이것은 엄청난 발전일 것입니다. 대중적 좌파 정당이 이미 있는 남유럽 나라들의 경우, 앞으로 몇 년 사이에 그 당들의 급진화, 전투화가 기대됩니다. 그래야 '게릴라성 투쟁'에 새로운 의미가 부여될 수 있을 것입니다.

몽둥이 들고 약탈한다고 체제가 무너지지는 않는다

그렇다면 '혁명'에 대비하기 위해 우리나라의 좌파들은 어떤 준비를 해야 할까요?

예를 들어 이렇게 보시면 될 것 같습니다. 지금은 그나마 천안함이 북쪽 소행이 아닐 수도 있다, 혁명의 방법론이 무엇이다, 이런 대화를 하면서도 하등의 공포가 없지 않습니까? 사실은 엄청난 발전이죠. 80년대 만약에 이와 같은 종류의 대화를 했다면 아마 둘 다 상당히 떨었을 겁니다.(웃음) 언제 검거와 고문을 당할지 모르니까요. 우리가 지금 공포 없이 이런 얘기를 주고받을 수 있는 이유는 87년 6월 대항쟁 덕분이죠.

맞는 말씀이신데, 오슬로와 지금 여기 대한민국은 온도 차가 좀 있는 것 같습니다. 전 좀 공포가 있는데요.(웃음)

그렇습니까? (웃음) 6월 대항쟁이 계기가 되어서 정치적 변동이 따라오고, 결국 90년대 초반부터는 점차 정치범 검거와 고문수사가 없어졌습니다. 완전히 없어진 것은 아니지만, 정치범 검거도 국가보안법에 한해서 비교적 소수만 잡아가는 것으로 정리가 되었는데요. 그러니까 87년 6월항쟁, 어떻게 보면 그게 우리의 대화를 가능하게 만든 것이지 않습니까? 한국 역사를 보면 대체로 발전의 저력은 이런 대대적인 민중항쟁들이죠. 계보를 만들어보자면, 오늘은 삼일절이지 않습니까? 그 계보의 맨 밑에는 3·1운동이 있는 것이고요. 그다음에 4·19혁명이 있고, 부마항쟁이 있고, 광주가 있고, 6월항쟁이 있습니다. 이런 대대적인 저항 덕에 지금 이와 같은 불온한 이야기를 겁 없이 할 수 있는 세상이 만들어졌습니다. 폭력으로 억압해온 정권에 대한 대대적인 항쟁이 6월항쟁이었는데, 그게 하나의 계기가 되어서 군사독재가 끝을 향해 가기 시작한거죠. 그다음 7, 8월 노동자 대투쟁으로 인해 대기업 정규직의 임금이 대폭 올랐고, 정치적으로 한국은 저임금 국가라는 것에서 벗어났지만, 6월항쟁이 하지 못한 것이 몇 가지가 있습니다.

하나는, 노태우 정권이 일종의 민심 수습책으로 시작하고 지금까지 해온 것이지만 국민건강보험이라든가 국민연금의 온전화 등을 포함하여 본격적인 복지국가 건설이 도약적으로 잘 이루어지지 못했습니다. 그러니까 민중항쟁이 일회성이 강한데다 그것을 계속 끌고 갈 조직도 없었기 때문에 지배자들을 위력적으로 압박해서 보다 급진적으로 복지국가를 만들게끔 하지 못한 것입니다. 지금도 우리한테 복지다운 복지는 없죠. 교육의 무상화라든가 이런 것은 건드리지도 못하고 있는 것입니다.

항쟁으로 인해 군사독재는 결국 끝을 맞이하게 됐지만, 그렇다고 해서 민중의 정치적인 진출이 제대로 된 것도 아닙니다. 90년대 초반에 민중정당 창당의 시도들이 있었지만, 불발에 그쳤습니다. 결국 군사독재의 뒤를 이은 것은 각종의 극우정권, 자유주의 리버럴 정권, 그런 정권들이 뒤를 이어가서 조금씩 박정희 시대의 극우적인 조합주의 체제를 해체시켜가면서 신자유주의로 대체시킨 것이지, 민중의 목소리가 정치적으로는 영향을 미치지 못했습니다. 그러니까 다음에 6월 항쟁과 비슷한 일이 일어나도 강력한 좌파정당이라는 조직적 힘이 없다면 결국에는 다 미완에 그칠 것입니다, 역사적 경험으로 봐서. 그렇게 되지 않기 위해서는 그런 저항정신을 이어가서 조직적인 힘으로 승화시킬 모종의 조직체가 필요합니다.

2011년에 일어났던 영국 빈민들의 반란 역시 그런 의미에서 미완에 그치고 만 건가요?

당시 영국에서 일어났던 일들은 유색인종이 대다수였지만, 어쨌든 빈민들의 반란이었습니다. 반란을 일으킨 이유도 빤했습니다. 취직 전망이 전혀 없고, 고질적인 실업에 빠져 있고, 유색 인종 같은 경우에는 추가적으로 엄청난 차별과 폭력을 당해야 하고요. 신자유주의 사회에서 본인도, 본인의 부모도, 본인의 자녀도 차별만 받고, 소외만 당하고, 운이 좋으면 착취라도 당해야 되는 구조 속에서 연명해야 하는, 아무런 출구가 보이지 않는 상황에서 몽둥이 들고 반란을 일으키지 않으면 그게 이상한 겁니다. 문제는 뭐냐, 몽둥이 들고 상점들을 닥치는 대로 약탈한다고 해서 이 체제가 무너지지는 않는다는 것이죠. 그러니까 반란으로 충분하지 않은 것이고, 이 사람들을 조직해서 반란이 아닌, 혁명의 길로 인도할 수 있다면 상황은 좀 달라졌을 것입니다. 산발적인 반란은 체제에 어떤 위협도 가하지 않습니다.

> **몽둥이 들고 상점들을 닥치는 대로 약탈한다고 해서 이 체제가 무너지지는 않는다는 것이죠**

그리스, 이탈리아, 포르투갈 등등 유럽에서 시민들의 저항들이 일어나고 있는데요. 앞으로 어떻게 전개되리라고 보십니까?

제가 보기에는 그리스 같은 경우 자본주의 체제의 생존 자체가 문제될 것 같습니다. 체제 안에서 미래가 보이지 않거든요. 유럽연합에 남아 있을 경우에는, 그리고 유로화를 계속 쓸 경우에는 일종의 유사 식민지가 되어야 할 것 같습니다. 유럽연합이 그리스에 대해서 하고자 하는 것이 뭐냐 하면, 재정문제나 예산문제에 있어서 국가의 자율성을 완전히 박탈해서, 재정을 사실상 유럽연합이 담당하게끔 일종의 경제적 식민지로 만들고자 하는 것 아닙니까? 그렇게 되면 성장의 가능성이 전혀 보이지 않을 겁니다. 유럽연합이 요구하는 것이 예산 삭감인데, 공공예산을 계속 삭감만 하면, 구매력이 떨어지고, 구매력이 떨어지면 성장을 못 하죠. 무엇 가지고 성장하겠습니까? 그러면 경제는 침체에 빠질 것이고, 지금 이미 청년실업이 50퍼센트대인데, 70퍼센트까지 될 겁니다. 절대다수의 청년들이 아무 일 없이 거리를 배회할 텐데, 그들이 가만히 있겠습니까? 결국 그리스에서는 유럽연합 탈피하자, 국가주권을 되찾자, 그런 방식으로 엄청난 민중적인 저항이 일어날 것인데, 여기서 문제가, 그리스가 유럽연합에서 탈퇴를 해도 자본주의 체제 안에서는 쉽게 회복이 안 되거든요. 일단은 자본주의 원칙에 따라 외국은행들에 진 빚을 돌려줘야 합니다. 구제금융을 못 받을 경우에는 엄청난 부담이 될 거예요. 그러니까 국가예산의 상당 부분이 몇몇 나라로 빠져나가야 할 겁니다. 그래서 자본주의 원칙만 따른다면 결국에는 어쩔 수 없는 침체밖에 보이지 않는다는 겁니다.

해결책이 뭐냐, 그 빚 자체를 취소해버리는 것, 즉 없애 버리는 건데요. 그것 역시 자본주의 원칙과 정면충돌합니다. 외국에 진 빚을 취소한 유명한 사례가 역사적으로 있긴 해요. 10월혁명 이후에 볼셰비키들이 그렇게 한 거죠. 그렇게 해서 자본주의 열강과의 관계를 악화시켰고, 결국에는 무장간섭(武裝干涉)을 받게 되죠. 정말로 그런 조치를 취하자면 자본주의 그 자체를 어느 정도는 상대화시켜야 됩니다. 그리스 같은 경우 그렇게 하지 않으면 경제회복이 아마도 어려울 것이고, 청년실업 문제 같은 것도 해결이 되지 않을 겁니다. 자본주의 그 자체가 문제화되어야 하지 않을까, 이런 생각이 듭니다. 앞으로 그리스는 매우 치열한 투쟁들이 계속 이어질 겁니다.

모라토리엄(moratorium, 국가가 채무불이행 상태에 빠지거나 채무불이행의 우려가 있는 경우 외국에 대해 채무 지불을 일정 기간 유예하는 것) 선언을 말씀하시는 건가요?

모라토리엄 선언은 임시적인 조치죠. 아르헨티나가 했었고, 러시아에서도 디폴트하고, 모라토리엄 했다가 결국에는 빚을 일부 갚았거든요. 러시아는 자원이 많은 나라니까 가능했고, 기름값이 회복되어서 가능했다고 보는데요. 그리스 같은 경우 약소국이고, 경제 규모가 작고, 자원은 전혀 없죠. 러시아하고 비교해 봐도 이미 사회적 상황이 대단히 나빠요. 러시아는 50퍼센트의 청년실업률이 있지는 않았거든요. 그러니까 아르헨티나 같은 경우 자본이 있고, 농업 생산이 상당한 국가고, 국가가 회복되는 대로 돈을 벌어들여서 어느 정도 빚 문제를 해결할 수 있는 저력이라도 있었는데, 그리스는 그것도 없어요. 모라토리엄 선언이 아니고, 빚 자체를 취소시켜버리는 그런 조치가 강구되어야 하지 않을까 싶은데요. 그렇게 되면 자본주의 세계 체제 자체와 정면으로 충돌해야 합니다. 자본주의 원칙은 기본적으로는 자본주의 빚에 의거해서 돌아가는 체제잖아요. 빚을 갚지 않겠다고 하는 것은 자본주의와 전쟁을 하겠다는 선전포고죠.

국가 폭력과 종교 폭력

일본의 경우. 60년대 초반 적군파는 테러리즘까지 표방했던 것 같은데요. 이탈리아 역시 참혹했고요. 거기에 비해서 한국의 운동은 쇠파이프, 화염병 정도로 상대적으로 온건했던 것 같습니다. '계급 사회의 역사란 본질상 잔혹하다. 그 잔혹성을 그대로 봐야 계급 없는 미래 사회를 언젠가 건설할 수 있을 것이다' 라는 말씀을 하셨는데요. 잔혹함이 필연적이라는 것인가요? 아니면 선택할 수 있는 것인가요? 진보가 만들어가는 역사도 잔혹을 그대로 받아들여야 하는가요?

크게 봐서는 그런 것 같아요. 체제의 개방성과 민주성, 비폭력성을 요구하며 싸움을 전개해서 반체제 운동도 민주적이고 비폭력적일 수 있다는 것을 보여줘야 합니다. 비교적 개방적이고 민주적인 북유럽에서는 시위가 일어나도 화염병 같은 것은 등장하지 않습니다. 강경진압도 전혀 없으니까요. 이쪽에서 강경진압을 하지 않고 기본적인 민주적 권리를 존중해주면 저쪽에서도 저항을 하더라도 경찰관의 인권도 생각할 여유가 생기는 거죠. 화염병을 던졌다가 경찰관이 화상을 심하게 입으면 안 되잖아요. 경찰도 사람인데.

60~70년대 이탈리아는 전혀 그렇지 않았고, 외형적으로는 민주주의였지만, 우파가 주도했던 정치 상황이었고, 좌파는 정치판에 뛰어들어가기가 어려웠고, 노동현장에서 본다면 대단히 비민주적이었고, 자본가

의 횡포는 너무나 심했고, 경찰의 폭력도 심했고, 거기에 극좌파는 폭력으로 맞서는 상황이 되었던 것 아닙니까?

일본 같은 경우에는 적군파의 폭력성이 크게 봐서는 외형적으로 민주국가였다 하더라도 실제로는 비민주적 요소가 곳곳에서 남아 있었던 것이고, 경찰들이 좌파 학생을 다루는 방식이 전혀 민주적이지 않았던 것과 관계가 있습니다. 게다가 좌파 활동가들이 대중으로부터 너무나 멀어져가는 상황에서는 대중의 지지를 확보하지 못한

계급사회의 유지는 궁극적으로는 늘 폭력에 의해서 이루어져 왔습니다

채 투쟁하다 보니까 결국에는 그 투쟁이 대중의 지지가 없는 만큼 비현실적일 수밖에 없었고, 폭력으로 치달을 수밖에 없었고요.

한국의 경우 화염병이 등장한 것은 어디까지나 유럽에 비해서는 훨씬 더 심한 경찰의 폭력, 국가의 폭력에 대한 하나의 대응이었던 것 같습니다. 그런 국가 폭력성이 어느 정도 가라앉았을 때 화염병도 슬슬 현장에서 사라졌던 것 같고요. 그런 면에서 볼 때 한국 국가의 폭력성에 비하면 반체제 운동은 비교적 평화적이었다고도 볼 수 있습니다.

계급사회의 유지는 궁극적으로는 늘 폭력에 의해서 이루어져 왔습니다. 국가 폭력(군대, 경찰의 폭력)이기도 했지만, 고용되지 않으면 굶어 죽어야 하는 시장의 규칙들이 만들어내는 폭력이기도 했습니다. 폭력은 그 본질상 잔혹하기에 계급사회의 본질이 잔혹하다고는 할 수 있습니다. 그러므로 사회주의 건설은, 이와 같은 '폭력 사회'와의 본질적인 결별을 의미합니다. 그러한 의미에서는, 사회주의자들이 늘 수단의 선택에 있어서 가급적이면 덜 폭력적인 수단을 선택하도록 노력해야

합니다. 그러니까 목적뿐만 아니라 수단도 기존 사회의 '관념'과 좀 달라야 한다는 말이죠. 단, 기득권층과의 갈등이라는 상황에서 폭력적인 수단을 쓰지 않을 수 없는 상황이 벌어진다는 것은 매우 아쉬운 현실입니다.

> 예전에 "중도 많고 목사도 많고 하지만 종교가 없다. 소련보다 더 무신론적이다. 현실을 거의 절대시한다"고 하셨잖아요. 그 현실 때문인가요, 우리나라에는 세계에서 제일 큰 교회들이 있는가 하면, 어느 순간부터 정치적 성격을 띠게 됐어요. 국가와 교회가 닮아가고 있다는 생각이 드는데요. 일종의 폭력성마저도요.

종교라는 것은 꿈을 꿀 수 있는 능력이 있어야 합니다. 종교는 적당히 비현실적이어야 합니다. 그게 원래 종교의 본분이죠. 현실에 빠져 버리고 현실의 무게를 감당해야 하는 우리들에게 중요한 것이 바로 그런 꿈이지 않습니까? 예수님이 창시하신 기독교 같은 경우 초기에는 탈현실적이었죠. 예수 같은 경우에는 정확하게 얘기하지 않았습니까? 가이사에게는 가이사의 것을, 하느님의 것은 하느님에게 것을 줘라, 즉 어쩔 수 없이 계급사회의 현실에 참여한다면 하되, 이 현실과 거리를 두라고 분명히 얘기했지요. 구체적으로 거리를 두는 방식도 얘기했습니다. 재판정은 가지 말라든가, 지배자들이 하는 폭력을 되도록 탈피하라든가, 그다음에는 종족이라든가 등등의 차이를 두지 말라든가, 지배자들의 가식성이 높은 의료행위를 본받지 말고 기도하려면 골방에 가서 기도하라든가, 지배자들이 신성화시킨 가족 제도를 무조건 당연하다고 생각하지 말고 만약에 당신의 꿈과 가족의 길이 다르다면 가족이라도 버릴 각오를 하라든가, 이게 예수의 말씀이지 않습니까? 그게 종교의 본분이죠. 종교는 대체로 그래야 합니다. 종교의 창조자, 교주가 못박혀 죽은 것도 종교다운 일이죠. 종교는 그래야 하는데, 지금 한국의 제도 종교에서는 예수와 같은 사람들은 이단 취급을 받고 쫓겨나서 감옥에 가야 할 겁니다. 예수는 폭력 저항까지도 하지 않았습니까? 성전에 가서 채찍을 휘두르면서 상인들을 내쫓고 그러지 않았습니까?

그러나 한국의 경우에는 제도종교가 제도의 폭력을 내면화했고, 제도를 100퍼센트 받아들였고, 제도의 가장 폭력적이고 나쁜 부분과도 유착을 해버렸습니다. 지금 군대에 가보면 군목이 있고, 군신부가 있고, 군승이 있습니다. 모든 주요 종교들이 국방부하고 유착을 해서 거기에서 포교하고 선교를 하고 있는 겁니다. 한국 종교들이 이 현실을 받아들여서 현실의 일부분이 됐는데, 그게 무슨 종교입니까? 그리고 종교라는 것이 교회나 사찰에 가서 "제발 내 자식 서울대 들어가게 해 달라, 취직하게 해 달라", 이런 기도하고 아무 관계가 없는 거거든요. 진짜 종교인의 기도는 내가 못박혀서 남을 대신해서 죽을 수 있게 해달라는 정도일 텐데요. 우리한테는 이미 그런 정신이 극소수한테만 남아 있는 것이죠. 물론 한국에도 종교인들이 당연히 있습니다. 30년 전에 돌아가셨지만, 함석헌 선생님이 종교인이었고, 함세웅 신부라든가, 문정현 신부 이런 분들이 예수의 정신을 어느 정도

> 한국에서는 예수와 같은 사람들은 이단 취급을 받고 쫓겨나서 감옥에 가야 할 겁니다

가지고 있는 종교인들입니다. 그렇지만, 크게 봐서 우리에게 진정한 종교인은 거의 없다고 봐야 하겠죠.

폭력을 초월한 저항이 최선이다

"불교를 들먹이는 당신이 폭력적일 수밖에 없는 급진 좌파를 지지하는 게 자가당착"이라고 사모님께서 말씀하신다고 들었는데요.

저도 나름대로 불교 철학을 다루고 있고, 폭력 없는 세상을 꿈꾸는데요. 기본적으로 지금과 같은 세상에서 가장 무서운 폭력은 전쟁이고요. 이라크 침략 같은 경우도 60~100만의 무고한 희생을 가져왔습니다. 말 그대로 좌파가 할 수 있는 폭력에 대해서는 비교 대상이 될 수 없는 것이고요. 그런 폭력을 근절시키기 위해서는 무엇보다 자본주의부터 철폐시켜야 한다고 생각합니다. 하지만 저는 자본주의 철폐 과정이 비폭력적이었으면 좋겠습니다. 한국 좌파의 가장 아픈 역사라면 프락치를 때려죽인다든가, 잔혹한 폭력을 휘두른 것이라고 생각해요. 당연히 폭력 없이 자본주의를 철폐할 수 있으면 좋겠지만, 자본가 계급은 인류의 장기적인 요구보다 자신들의 이윤을 더 먼저 생각하는 습관이 있거든요. 그렇다 보니까 저항이 있고, 탄압이 있고, 그런 탄압을 받다 보니까 말

씀하신 대로 화염병 정도의 방어적인 폭력이 어쩔 수 없이 생기게 마련
이고요. 당연히 화염병 맞은 전경이나 의경의 화상에 대해서는 저도 매
우 아프게 생각하죠. 그러면 안 된다고 생각하는데요. 모든 폭력의 근본
인 자본주의 국가를 철폐하는 길에, 가끔가다 그런 대응적인, 방어적인,
밑으로부터의 폭력이 생길 때 그런 폭력을 아프게 생각할 수는 있어도
그것은 어디까지나 대응이니까, 일방적으로 비난만 하긴 어렵다고 봅니
다. 그렇지만 생각해봐야 할 문제가 있습니다.

몇 년 전에 발틱 공화국들의 하나인 라트비아에서 '붉은 빨치산 바실
리 코노노프' 사건이 사회적으로 문제 된 적이 있었습니다. 빈농 출신의
바실리 코노노프는 어떻게 보면 모범적인 소련 사람에 가까웠습니다.
피착취 계급 출신, 콤소몰(Komsomol, 공산주의청년동맹) 활동가, 제2차
세계대전 때에 14개의 독일파쇼군 수송열차를 직접 폭파시킨 우수한 빨
치산, 전후의 내무부의 모범적 복무원 등등. 문제가 된 것은 1944년 5월
29일, 라트비아의 작은 마을인 마지에 바트 촌에서 일어난 '양민 사형
(私刑) 사건'이었습니다. 그 마을의 일부 주민들이 파쇼 점령군에게 그
전에 빨치산들을 넘겨준 적이 있었기에, 이에 대한 처벌로 코노노프 휘
하의 빨치산 소부대가 그 마을 사람을 9명이나 죽였습니다. 그 중의 4명
은 생화장 당했으며, 생화장 당한 친파쇼 분자 중에는 임산부까지 포함
돼 있었습니다. 생화장 당한, 정확하게 이야기하면 그 집과 함께 불에
타버린 여성들의 남편들이 비록 친파쇼 활동을 했다 해도 그 여성들에
대한 이와 같은 행위가 정당했느냐 라는 것은 전시에도 얼마든지 제기
될 수 있는 의문이었습니다. 하지만, 코노노프가 '우수 빨치산'으로 명

성이 자자했던 만큼 소련 시절에 그 사건에 대한 수사다운 수사는 없었죠. 소련이 망한 이후 독립이 된 라트비아에서 코노노프를 수사하고 재판했을 때 그 재판에는 '빨갱이 마녀 사냥'이거나 러시아인인 코노노프를 겨냥한 라트비아 민족주의의 냄새가 좀 짙었습니다. 모든 피해자들은 라트비아인이었습니다. 코노노프에 대한 비난과 재판에 반러시아적 민족주의의 냄새가 짙었던 만큼, 러시아 안에서는 민족주의적인 무조건적 옹호 분위기도 매우 짙었습니다. 결국 '방어적 폭력의 한계' 차원에서 고찰돼야 할 역사적 사건은, 라트비아 민족주의와 러시아 민족주의 사이의 싸움판이 되고 말았는데, 코노노프가 죽고 수사와 재판 등 사건이 종결되고 난 이후인 지금에 와서는 민족주의 등을 넘어서 아주 근본적인 물음을 제기해봐야 합니다. 반파쇼 저항이라는, 당연하게도 정당하게 보이는 경우라도 과연 방어적 폭력은 어디까지 정당할까요?

> **저는 반파쇼 저항이라 해도 폭력을 초월한 저항이야말로 최고라고 생각합니다**

단도직입적으로 말씀드리자면, 저는 반파쇼 저항이라 해도 폭력을 초월한 저항이야말로 최고라고 생각합니다. 파쇼 군인들의 대다수도, 빨치산들의 총살과 생화장을 당한 그 마을 사람들의 다수도 결국 노동자나 영세민, 중농, 빈농들이었는데, 파시즘이라는 기만적 이데올로기를 넘어 그들의 계급적인, 인간적인 양심에 호소하고 그들의 인식을 바꾸고 선의 편에 끌어들이는 것이야말로 최선이죠. 문제는, 어릴 때부터 몸과 마음으로 익힌 온갖 국가주의적, 민족주의적 편견들이 그렇게 쉽게 머리에서 씻기느냐, 그 편견을 씻으려는 '우리 편'이 적의 군인들에게 그렇게 쉽게 접근할 수 있겠냐는 거죠.

예컨대 박정희 시절에 미제의 보조적 용병으로 월남에 간 남한 군대의 경우를 생각해보시죠. 소련 문서에 의하면 침략 전쟁의 부당성과 박정희 정권의 범죄성을 결국 인식하게 된 그 중의 몇 명이 결국 침략을 포기하고 북월 측에 항복하고 사죄를 하는 (나중에 북조선에 넘어가서 살았습니다) 등 용감한 탈영을 감행했지만, 다수의 '돌아온 김상사'들에게는 지금도 침략의 부당함을 인정하기가 쉽지 않습니다. 자국민들에게 복지다운 복지도 한 번 해준 적이 없었던 박정희 정권도 이 정도로 충성스러운 살인 기계들을 생산할 수 있었다면, 종족적 독일인들에게 상당한 복지혜택을 준 히틀러에 대한 수많은 독일인들의 충성을 과연 선전만으로 깨기가 쉬웠겠어요? 그러니까 최선이라고 할 계급적 입장에서의 비폭력적인 선전선동은, 꼭 모든 상황에서는 현실적이지 않은 거죠.

그렇다면, 남은 것은 무장저항일 것입니다. 그런데 이상적으로는 무장저항의 경우에도 한 가지 계급적인, 인도주의적인 원칙은 지켜져야 합니다. 적의 편에 선 '군복을 입은 노동자, 농민, 영세민'들은 지금 비록 적의 이념적 헤게모니에 놀아나 무기를 들고 침략을 범한다 해도 그들의 인간성과 계급 성분 차원에서는 언제나 '선의 편'도 될 수 있는 '잠재적 우리'라는 것을 기억하고, 그들에 대한 폭력은 비록 불가피한 방어적 폭력이라 해도 어차피 그 본질상 악이라는 것을 기억하고, 그 폭력을 가능한 한 아주 최소화시키고 무엇보다 적군의 '혁명화' 가능성에 집중해야 한다는

비록 선의 편에 선 것이었다 해도 생화장을 당하는 임산부의 고통에 무감각해질 만큼 인간의 삶과 죽음, 고통에 둔감해졌던 거죠

것이죠. 이렇게 한다는 것은 최선은 아니더라도, 폭력은 그 본질상 어떤 경우에도 '최선'은 될 수 없기 때문에, 적어도 어떤 경우에는 '차악'이라도 될 수 있지 않을까 싶습니다. 문제는, 파쇼와 같이 무자비한 적을 이미 3년이나 상대해온, 매일매일 죽음을 직시하고 적의 고문들에 대한 이야기를 듣고 적의 잔혹성을 목격하면서 반대편에 대한 무서운 증오를 키운 코노노프의 빨치산들에게는 이미 이와 같은 계급론적인 '혁명적 의식화 위주의 반침략 전쟁 원칙'들이 다 망각되어진 것이었다는 거죠.

'정당한 방어'라 해도, 전쟁의 와중에서는 양쪽이 닮아지는 부분은 분명히 있는 것이고, '정당한 방어'를 하는 이들이 침략자들의 악습을 부분적으로나마 얼마든지 익힐 수 있다는 것은 '코노노프 사건'이 보여준 비극적 진실입니다. 비록 '선의 편'에 선 것이었다 해도, 3년 동안 파쇼 침략의 지옥에서 살아온 코노노프의 빨치산들은 이미 생화장을 당하는 임산부의 고통에 무감각해질 만큼 인간의 삶과 죽음, 고통에 둔감해진 부분이 있었던 거죠. 반침략전쟁에서 정당한 방어를 하는 쪽에도 얼마든지 문제가 일어날 수 있기에, 제일 좋은 것은 혁명을 통해서 애당초에 침략 전쟁이 일어날 수 있는 가능성부터 차단시키는 것입니다. 하나의 혁명은 수많은 전쟁들을 예방할 수 있으며 무수한 목숨들을 살려낼수 있으며 '우리 편' 사람들의 전시 잔혹화를 미리 예방합니다. 혁명의 극적인 효능이 많은 만큼, 침략 전쟁을 예방할 수 있는 혁명을 일으킨다는 것은 정말로 지난한 일입니다. 그만큼 사람들을 살리겠다는 일념으로 전쟁기계인 자본주의 국가의 해체를 위한 노력을 끊임없이 기울여야 합니다.

소셜 네트워크와 혁명

정보통신의 발달로 인해 자본주의의 세계화 체제가 가능해지고 있고, 한편으로는 전 세계 민중의 연대도 가능하게 합니다. 현 시기 자본주의 극복이란 점에서도 정보통신이 할 수 있는 역할이 있을 텐데요. 정보통신과 혁명, 어떤 관계가 있을까요?

일단 실시간 연결망 가동이 가능해지니까 여러 나라 노동자들의 연대투쟁이 가능해집니다. 예컨대 현대나 LG의 중국, 동남아 공장에서 파업이 일어난다면 인터넷을 통해 이를 아는 국내 노동자들이 동정 파업까지는 못하더라도 연대집회라도 할 수 있지 않습니까? 한 마디로 연대가 좀 수월해집니다. 그런데 인터넷 시대라 해도 조합화, 집회 조직 등 과거와 같은 굵직한 조직화 과제들은 그대로 남아 있죠. 혁명은 가상공간에서만 이루어지지는 못하거든요.

중동의 경우에는 무장투쟁보다 페이스북 같은 SNS가 더 큰 힘을 발휘했다는 언론 보도들도 있었는데요. 혁명에 불가피하게 따르는 폭력성을 이러한 방법을 통해서 지양해 나갈 수 있을까요?

조직이 좋아지면 물론 네트워크를 통해 "화염병 사용 삼가자"라고 같이 약속을 해서 '우리 쪽'의 방어적 폭력대응을 최소화시키도록 노력할 수 있죠. 문제는 '저쪽' 즉 탄압자의 행태입니다. '우리'가 폭력 최소화를 위한 노력을 한다고 해서 '저쪽'이 당장 달라지지는 않거든요. 이집트 혁명은 인터넷에 많이 의존해 조직을 이루는 등 최첨단을 달렸는데, 거리투쟁에서 시위자 800여 명이 초강경 진압으로 사망했어요. 폭력의 진원지는 반란자가 아닌 정권이기에, 일단 '우리'가 뭔가를 이루려면 희생을 치러야 하겠다는 각오를 해야 하기도 합니다.

혁명에 정보통신의 발달이 어떤 영향을 미칠까요?

일단 정보통신 덕분에 혁명을 조직하기가 일면 쉬워졌습니다. 혁명의 중요한 한 단계는 대중적인 가투(가두투쟁)인데, 가투의 조직은 휴대폰 등을 통해서 훨씬 더 수월하게 이루어진다는 것을 이미 촛불시위 현장에서 많이 목격했습니다. 그런데 삼성에서 노조를 조직하려다가 결국 감옥까지 간 김성환 노동자의 '휴대폰을 통한 위치추적' 사건 당시 보였듯이, 정보통신기술은 탄압자들에게도 우리 쪽을 감시할 절호의 기회를 주기도 합니다. 결국 양면성이 있다고 봐야 할 듯합니다.

06

두 개의 국가,
민중의 시선으로 바라보다

수령 숭배와 돈 숭배

지난 2011년 12월에 김정일 국방위원장이 사망했습니다. 당시 노르웨이를 비롯한 유럽지역의 반응은 어땠나요?

저 개인적으로는 거의 지옥이었죠. 독감이 너무 심해서 말도 못 할 지경이었는데 노르웨이의 각종 매체로부터 연락이 왔기 때문입니다. 북조선의 김정일 위원장이 돌아가셨는데, 북조선의 실상과 미래에 대해서 한마디 해달라는 내용이었습니다. 제가 뭐 북조선 전문가도 아니고, 예컨대 김정은과 장성택 사이의 관계 등에 대해서 전혀 모르는 (그걸 과연 본인들 말고 누가 제대로 아는가요?) 저 같은 사람이 이와 같은 취조(?)를 당하는 건 고역이었죠.

하지만 제가 가장 고통스러운 것은 기자들의 태도였습니다. 신문 부수를 늘리려고 그러는 것이겠지만, 그들은 무슨 수를 써서라도 북조선을 더 이국화시켜 '미지의 동양적 전제 왕국'의 이미지로 독자들에게 다가가려는 듯한 인상이었습니다. 소위 오리엔탈리즘의 각본대로 말입니다. 그런데 과연 북조선을 객관적으로 본다면 그쪽 실상이 그렇게 '이상하게'만 보일까요? 어떤 면에서는 우리 자신들을 비추어주는 거울처럼 보이지 않을까요? 북조선이 이상하다면 남한을 비롯한 전 세계 전체가 이상하다고 봐야 하지 않을까요?

기자들은 북조선 길거리에서의 집단 오열 장면을 매우 '이국적으로' 여겼습니다. 이국시하는 동시에, '독재자를 위해 꼭 울어야 하는' 북조선인들을 불쌍히 여기려는 분위기도 강했습니다. 그렇다면 6년 전에, 교황 요한 바오로 2세가 돌아가셨을 때 그를 위해서 울었던 남한을 위시한 전 세계 가톨릭 신도들은 과연 어떻게 봐야 합니까? 신화가 아닌 실제의 교황 요한 바오로는 김정일 위원장처럼 꽤나 모순적인 인물이었습니다. 김정일 위원장이 세계에 대한 넓은 식견, 그리고 북남 교류에

6년 전 교황이 돌아가셨을 때 그를 위해서 울었던 남한을 위시한 전 세계 가톨릭 신도들은 과연 어떻게 봐야 합니까

대한 상당한 적극성 등과 기존의 체제를 그대로 보존해야 한다는 강력한 강박관념을 겸비했다면, 요한 바오로는 상당한 상식과 기가 막힐 만한 보수성을 겸비했습니다. 상식이 있었던 만큼 달라이라마와 친교를 맺고 미제의 이라크 침략 등 노골적인 제국주의적 행동들을 비난했지만, 해방신학부터 콘돔 등 피임도구까지 비상히 사갈시(蛇蝎視)한 나머지 남미와 아프리카 지역의 사람들에게 적지 않은 상처들을 남기고 또 많은 이들을 희생시킨 바도 있습니다. 나중에 암살을 당한 로메로 주교의 요청이 있었음에도 엘살바도르의 악덕

한 극우독재에 대해 비판을 하기는커녕 니카라과의 온건 사회주의 정권을 비난했던 1980년대의 요한 바오로의 정치적 행보는, 레이건 등 미국 극우들에게는 하늘의 선물이었지만 중남미의 양심적 가톨릭 세력들의 가슴에 못을 박았던 것이죠. 또 AIDS가 극성을 부리는 아프리카에서의 콘돔 사용을 부정하는 것은, 실은 많은 경우에는 간접살인에 해당합니다. 요한 바오로는 이처럼 모순에 가득 찬 인물이었지만, 그의 죽음에 따르는 오열은 세계적이었으며, 교황청에 의해 복자(Blessed, 福者)의 위치에까지 오른 것으로 알고 있습니다. 과연 교황청이었대도 노르웨이 신문이 감히(?) 이국화시켜 코미디처럼 보도했을까요?

북한이 개인숭배가 문제라면, 남한은 돈에 대한 숭배가 문제가 아닐까요?

북조선과 같은 차원의 개인숭배가 현재 남한에서 어려운 이유가 거기에 있습니다. 국회의원직부터 시작해서 모든 것이 다 자유로이(?) 거래될 수 있는 우리들의 신자유주의적 낙토에서는, 사람도 상품화된 나머지 이용 대상은 돼도 진정한 '숭배'의 대상은 되기가 어렵기 때문이죠. 예컨대 현직교수가 명예교수 되는 순간, 제자들 논문에서 그 저서들의 인용빈도가 뚝 떨어진다는 말도 있지 않습니까? 유통기간이 끝나면 상품이 쓰레기통으로 가는 것이죠. 남한에 국시라는 게 있다면 현재로서는 극단적인 냉소, 그리고 '돈이면 안 되는 게 없다'는 굳건한 믿음 정도일 것입니다. 그런데 이와 같은 사회가 산산조각 깨지지 않고 그나마 그럭

저력 나름대로의 결속력을 과시하면서 계속 돌아갈 수 있는 이유 중의 하나는, 맹목적인 돈 숭배에 '가족'이 예외가 된다는 것입니다. 어르신에 대한 자식들의 잔혹한 유기가 급속히 늘어나는 것으로 봐서 이 부분도 점차 변하고는 있지만, 아직까지 '피붙이'는 우리에게 이용물이라기보다는 사모하고 귀엽게 생각하고 불쌍히 봐주어야 하는 '우리'의 일부분입니다. 돈과 '피'(핏줄)는 이 사회의 두 개의 주된 이데올로기죠. '핏줄' 이데올로기가 전 사회적인 차원에까지 이르면 바로 혈통적 민족주의가 되는 것인데, 이 이데올로기가 지금처럼 강하다면 '다문화 사회'는 영원히 공염불에 그치고 말 것입니다. 그런데 가족들과 '혈족' 사이의 중간단위가 바로 사회적 이익집단이나 보스에 의해서 주도되는 정파 같은 집단인데, 이와 같은 관계 역시 우리는 의사(擬似) 가족의 개념으로 파악하는 경우가 꽤 있습니다. 즉, 선배나 보스를 '가족의 어른', '형'으로 파악한 나머지, 그만큼 비판적 사고는 그 자리에서 마비되고 맙니다. 최근 북조선에서 벌어지는 장면들과 일면 상통하는 장면들이 평양이 아닌 서울에서도 벌어질 수 있는 것입니다.

몇 년 전 노무현 전 대통령이 비명에 돌아가셨을 적에 전국의 분향소들을 메운 인파들을 생각해보시지요. 그때 (나중에 비판자들에 의해서 '놈현 관장사'로 표현됐던) 그 추도의 앞장에 섰던 소위 '노빠'들에게, 노무현이란 정치인이 이라크 침략과 아프간 침략과 같은 초대형 국제범죄를 적극 방조해 종범으로 나섬으로써 한국역사를 영원히 더럽혔다는 점이나, 노무현이야말로 한미FTA 발안, 추진 과정을 소신껏 주도했다는 점을 설득시킬 수 있겠습니까? 물론 없습니다. '노빠'든 그 어떤 다른

'빠'든, 일단 '짱'에 대해서 비판적으로 사고할 줄 전혀 모르기 때문입니다. '형님', '아버지' 격인 '짱'은, 그들에게 완전무결한 인격의 소유자입니다. 유시민이나 문재인의 노무현 관련 저서를 한 번 정독해보시기 바랍니다. 한 줄의 반성이라도 보이나요? 불문가지(不問可知)의 일입니다. '짱'의 위대한 령도를 받아 한 일에 대해서는, 그들은 원천적으로 자기비판 할 줄을 모릅니다. 평양의 군중과 달리, 그들은 어떤 사회적 압력을 의식해서 '빠질'을 하는 것도

> 도대체 누가 더 한심한가요 저는 나꼼수의 팬들이 평양의 군중보다 훨씬 더 한심해 보입니다

아니고, 모든 것이 다 거래되는 '자유 대한'에서 가신(家臣)의 영광스러운 길을 스스로 택한 것입니다. 그러면 도대체 누가 더 한심한가요? 제게는, '가카'를 씹을 대로 씹으면서도 아키히로(明博)의 왕좌를 박원순이나 유시민이 차지한다 해도 이 나라 노동자들이 그대로 죽어날 거라는 사실을 까마득히 모르는 나꼼수의 팬들이 평양의 군중보다 훨씬 더 한심해 보입니다. OECD에서 자살률이 제일 높은 사회가 된 나라에서 사는 그들은, 외부적 강제가 그다지 없으면서도 의식이 있는 계급의 구성원, 즉 진정한 의미의 독립적 개인이 되려는 노력을 전혀 하려 하지 않기 때문입니다.

'핏줄'에 따르는 소속감부터 수도권과 지방 사이의 격차, 각종 계급적 모순들, 그리고 영어 열풍까지, 우리가 갖고 있는 대다수 문제들을 북조선 사회도 갖고 있습니다. 그들은 많은 면에서 우리들의 거울일 뿐입니다.

소아병이라는 불치병에 걸린 민족 좌파

북한의 3대 세습을 어떻게 봐야 하나요?

세 가지를 구별해야 합니다. 진보정당이라는 것은 민중의 대변자로서 남북한 양쪽의 민중을 대변하고자 하는 것이죠. 민중을 대변하니까 북조선 체제든, 남한 체제든 양쪽에 대해서는 동시에 비판적이어야 할 필요가 있어야 할 것 같습니다. 우리가 남쪽 체제의 문제점을 이야기하고 이 체제가 착취적이니까 어떻게 바꿔봐야겠다고 얘기하듯이, 북조선 체제에 대해서도 똑같은 차원에서 해야 합니다. 북조선 체제는 사회주의와는 하등의 관계가 없다는 것을 분명히 얘기해야 하고요. 주체사상이 마르크스-레닌주의하고 전혀 관계없다는 것도 분명히 얘기해야 합니다. 북조선은 아직은 개인 자본가가 주된 착취 계급은 아니지만, 국가 관료들이 인민을 지배하는 과정에서 인권이 억압되고, 인민들의 권리가 실시되지 않는다는 부분을 당연히 얘기해야 합니다. 그런 맥락에서 북한의 지배체제의 하나의 요소로서의 3대 세습에 대해서도 당연히 민중의 눈으로 봐야 하는 거죠. 그게 한 가지 차원이죠.

또 한 가지 차원은, 북조선 체제가 지금처럼 만들어진 것은 역사적 발전의 산물이고, 우리가 거기에 무리한 요구를 한다는 것이 힘든 부분이 있다는 것입니다. 거기에는 나름 역사의 논리라든가 대외적 상황의 논리가 있는 것이고요. 3대 세습 같은 경우 그쪽 정권의 입장에서 본다면 정권의 명분이 되는 것이고, 하나의 구심점이 되는 것인데, 아무래도 그쪽 체제의 논리로 본다면 당장 폐기하는 것이 비현실적일 수도 있는 것이죠. 우리가 현실적으로 바랄 수 있는 것은, 명분은 3대 세습이라고 하더라도 중국이나 베트남과 같은 집단 지도체제로 점차 전환되는 것입니다. 그것도 역사적인 과정인 만큼 우리의 뜻대로 되는 것만은 아니라는 것을 우리는 기억해야 하겠죠.

세 번째 차원은, 북조선 체제도 남한 체제도 이상적이지 않다는 것입니다. 북조선에는 사회주의가 없듯이 우리한테는 아직 충분한 민주주의도 없는 겁니다. 국가보안법이 남아 있는 한 민주국가라고 보기가 어렵죠. 양쪽 체제가 다 문제가 있는 건데요. 어쨌든 양쪽이 평화 공존 모드로 가고, 가까워지고, 신뢰를 쌓아야 하는 역사적인 필요성이 있습니다.

그러니까 이 세 가지 차원을 구분하면서 얘기해야 합니다. 우리가 민중의 대변자로서 보는 북조선, 역사적인 차원에서 보는 북조선, 통일 지향적인 관점에서 보는 북조선, 이 세 가지 차원을 정확하게 구분해야 합니다.

> 3대 세습 문제에 대해 통합진보당 이정희 대표는 민주노동당 시절 '남북한 관계를 생각하면 직접적으로 비판하기 쉽지 않다'는 견해를 밝혔었는데요.

어떻게 보면 분단 상황에서 불가피한 면도 있지만, 한국 좌파의 소아병적인 부분이라고 볼 수도 있는 거죠. 분단의 모순이 분명히 존재합니다.

북조선도 남한도 상당히 비민주적인 지배 체제들이고, 양쪽에는 수많은 계급모순이 있고요. 계급모순들이야말로 양쪽에서 기본 모순 구조를 이루는 것인데요. 그런데 자칭 좌파가 그것을 인정하지 않고, 분단 모순에만 안주한다면 결국 좌파로서의 자격을 상실할 수 있는 거죠.

북한 정권을 무조건 북한 인민의 대표자라고 착각을 한 것입니다

분단 모순의 해결 방법은 결국에는 외교적이어야 합니다. 상식 있는 정권이 집권해서 조금씩 신뢰구축을 해나가는 등 대외 정책 차원에서 해결되어야 하는데요. 만약 분단 모순이 주된 모순으로 생각된다면, 자주 정권 만들기가 주된 목적이 되고, 그렇다면 노동자 계급의 이해관계를 배반해서라도 계속해서 리버럴들과의 합작 유혹을 받게 되는 것이고요. 그렇게 되면 자칭 좌파가 계급적 성격을 상실합니다. 분단 모순을 당연히 염두에 둬야 하는데, 그것이 주된 모순이라고 생각하면 아주 큰 일 나죠.

과거 민주노동당의 민족주의자들은 한국사회의 모순 구조 파악에 실패했습니다. 계급모순의 중요성을 간과했고, 전투적인 계급투쟁을 이끌어내는 데 실패했죠. 그 실패를 호도하는 과정에서 대북 정책에 상당히 많은 강조를 두어가면서, 또는 어떻게 보면 남한 안에서의 리버럴들과 무원칙적인 타협 같은 것을 추구하는 반면, 북조선 정권에 대해서는 비현실적인 입장을 취하기도 했습니다. 남한에서의 계급모순을 간과하듯이 북한에서의 계급모순도 간과한 거죠. 북한 정권을 무조건 북한 인민의 대표자라고 착각을 한 것입니다. 남한이든 북한이든 민중의 반대편에 선 지배자들에 대해서는 비판할 수 있는 여지가 있어야 합니다.

패러디가 국가보안법 위반(?)

아까 국가보안법 얘기 잠깐 하셨는데요. 노무현 정부 때도 결국
국가보안법을 폐지하지 못했습니다. 그것이 다양한 의견을 개진
하는데 걸림돌이 되는 게 사실인데요. 최근에도 사건이 있지 않
았습니까? 박정근 씨 사건.

코미디죠. 그런 걸 가지고 누가 영화라도 만들었으면 좋겠어요.(웃음) 북
조선을 패러디한 진보정당 당원이 북조선의 선전요원으로 인식되어서
잡혀간다, 그러니까 패러디도 마음 놓고 할 수 없는 나라죠. 말 그대로
한국 보안꾼들의 정신 수준을 보여주는 겁니다. 이 사람들이 패러디와
진짜 선전을 구분할 능력이 없는 건지, 아니면 잡혀갈 사람이 너무 없어
서 누구라도 잡아가고 싶은 것인지.(웃음) 옛날에 삼청교육대에 사람 잡
아갔을 때 빨갱이만 잡아간 것이 아니고, 엉뚱한 사람들도 잡아가서 수
용소에 보내기도 했잖아요. 정말 웃어야 하는지, 울어야 할지 모르겠어
요. 사람이 감옥에 잡혀갔으니 웃어야 할 일이 아닌데요. 이게 어떤 국
가인지에 대해서 생각해 볼 계기인 거죠.

정권이 바뀐다고 하더라도 국가보안법에 대해서는 예민하게 반
응하는 사람들, 없애면 안 된다고 하는 세력들이 꽤 많을 텐데요.

기본적인 인권을 깡그리 무시하고 인권의 실천을 불가능하게 만드는 법

에는 장점이라 할 만한 점이라고 전무합니다. 국가보안법에 쓸모 있는 요소라는 것은 없어요. 간첩 처벌은 일반 형법을 통해서도 가능하거든요. 간첩 행위 처벌에 관한 규정은 다른 법에 다 있어요. 북조선을 찬양한다는 것은 간첩 행위하고 아무 관계도 없습니다. 북조선을 찬양하든 비난하든 그건 개인의 의견이고요. 인종주의 등 타인들에게 직접적인 피해를 주는 차별주의적 의견 등을 예외로 하되, 그게 아닌 이상 개인 의견에 대한 어떤 제한이라도 둔다는 것은 민주주의 국가에서 있을 수 없는 일입니다. 간첩이라는 것은 군사정보 제공자죠. 그런 것은 미국 간첩이든, 북조선 간첩이든 일방적으로 얼마든지 벌줄 수 있는 거고요. 국가보안법에 대해 유일하게 가능한 얘기는 그냥 없애자는 얘기입니다.(웃음)

일본제 텔레비전과 하얀 밥 한 그릇

예전에 선생님이 쓴 글 중에서 '약 2천 유로를 지불하면 며칠간의 북한 여행을 갔다 오는 것은 노르웨이 사람에게는 별로 어려운 일은 아닙니다' 라고 하면서 실제로 제자 중에 한 여학생이 밀월여행 삼아 막 결혼한 남편까지 데리고 평양에 다녀왔다고 하셨는데요.

저로서는 어찌 보면 참 부러운 이야기입니다. 저는 한국 국적이라 통일부의 허가 없이는 북한에 갈 수 없거든요. 재미있는 사실은, 여기 노르웨이 사람들은 일단 남한에 대해서는 별로 궁금해하지 않는 반면 '미지의 왕국, 북한'에 대해서는 대단히 궁금해합니다. 제자 부부가 평양에 가서 본 인상은? 인간적 정이 넘쳐흐르는데다가, 네일아트와 유럽제 화장품에 대한 조예가 깊어 관광객을 놀라게 한 여성 가이드, 중국 관광객들이 카지노를 마음껏 즐길 수 있는 ─ 중국 수준과 별반 다르지 않은 ─ 편안한 호텔, 그리고 서구적인 모든 것에 거의 불타는 열망을 가진 것처럼 보이는 평양 주민들이었습니다. 신념상 상당히 좌파적인 그 여학생은 가이드라든가 접촉이 가능한 다른 평양 사람들에게서 사회주의에 대한 하등의 관심을 발견할 수 없었지만, 그들의 생활적 보수성에 좀 놀라기는 했습니다. 예컨대 애인이 해외 공관에서 일하고 있다는 가이드에게 가장 큰 걱정거리는 '애인이 변심하지 않을까, 나를 차고 다른 여성에게 접근하지 않을까'였답니다. 노르웨이 같으면 남성이 여성의 변심을 걱정할망정 여성이 '남정네'들의 변심을 내심 걱정한다는 것은 자신에 대한 모독으로 삼으니까요. '가려면 알아서 가라, 나는 남자 따위에는 그렇게 매달리지도 않아'라는 게 노르웨이 여성들의 일반적 태도일 걸요. 그러나 이북에서는 남녀 관계의 패턴이 확실히 달랐지요. 노르웨이에서 의미를 거의 잃은 '결혼'은 북한 여성에게는 말 그대로 '인생의 가장 중요한 일'이었던 것처럼 보였답니다.

> 한쪽의 욕망은 일본제 텔레비전이고 또 한쪽의 욕망은 하얀 밥 한 그릇이지만 양쪽의 욕망을 다 실현시킨다는 것은 쉽지 않은 일이겠죠

노르웨이 사람들에게 가장 이해가 안 되는 부분은 '이 정권이 도대체 어떻게 유지되는가' 입니다. 일본제, 유럽제, 고급 소비재에 대한 상당한 열망을 갖고 있는 평양 귀족·중산층 집단도, 평생 하얀 밥 한 번 배불리 먹지 못하는 지방의 농민들도, 어떻게 보면 각자의 욕망이 체제 안에서 전혀 충족되지 않는 것, 아닌가요? 한쪽의 욕망은 일본제 텔레비전이고 또 한쪽의 욕망은 하얀 밥 한 그릇이지만 어쨌든 양쪽의 욕망을 다 실현시킨다는 것은 북한체제 안에서는 아주 쉽지 않은 일이겠죠.

북한인권법도 만들어야 된다고 하고, 탈북자 인권을 위해서 집회도 하는 등 보수진영이 그 부분의 이슈를 주도하고 있습니다. 진보진영은 북한의 인권에 대해서 왜 이야기하지 않느냐는 보수의 주장에 대해서는 어떻게 생각하시는지요?

남의 나라 인권을 법으로 보장하겠다? 우리 인권도 전혀 보장되어 있지 않은데요.(웃음) 시나리오 작가가 굶어 죽는 나라에서 무슨 인권이 있습니까? 사람의 기본적인 인권 중 하나가 생존권인데요. 대한민국에서도 인간 생존권이 전혀 보장되어 있지 않습니다. 그런 상태에서 법을 만들어서 남의 나라 내정에 간섭한다면, 이건 뭐라고 해야 하나, 자기 눈의 들보를 못 보는 것이죠. 그런 것은 쓰레기 정책입니다. 아무런 효과가 없어요. 인권법 만든다고 해서 북조선 상황이 조금이라도 나아지겠습니까? 웃기는 이야기입니다.

실제 북한 인민의 인권이 나아지자면 몇 가지 전제 조건이 있습니다.

하나는 대북 적대정책을 완전히 없애야 합니다. 적대정책을 취하면 그쪽에서는 관료층이 일단 경각심을 일으키게 되고, 내부 단속을 철저하게 하게 되고, 그런 과정에서 인권 침해들이 발생하게 되는 거죠. 오히려 평화정책이 실시되고 분위기가 녹고 이러면 이북에서도 어느 정도 내부 단속을 완화시킬 수 있지 않을까 싶습니다.

그다음은 인간의 가장 중요한 인권 중 하나는 생존권, 건강권, 학습권 정도입니다. 북조선 인민들이 생존권, 건강권, 학습권을 보장받자면 재정 상태부터 좋아져야 하거든요. 생존권 보장은 배급제를 통해서 이루어지니까, 배급제가 잘 작동되기 위해서는 기본적으로 어느 정도 외화 여유가 있어서 필요할 때는 곡물이라도 외국에서 사오고, 인도적인 구호를 통해서라도 필요한 곡물을 얻고 어느 정도 경제 성장을 해야 그나마 교육이라든가, 의료 제도를 개선시키고, 건강권과 학습권을 챙기기 위해서 국가가 움직일 수 있을 거 아닙니까? 그러니까 우리가 북조선의 경제성장에 어떻게든 도움을 줘야 하는데, 장기적으로는 경제협력 같은 방법밖에는 없을 것 같아요.

인민의 입장에서 비판하자면, 남한 사람들의 시각과 마찬가지죠. 북조선 인민 같은 경우에는 자율적인 노조가 없다는 겁니다. 남한의 많은 기업에도 없습니다만.(웃음) 북조선 초기에는 있었지만 주체사상이 도입되면서 자율적인 노조라든가 단체협약 체결 같은 게 없어졌어요. 자율적 노조와 단체협약이 없다면 노동자 권리 보호가 어려울 수 있으니까 일단 그런 부분에 대해서 노동자적인 시각에서 당연히 얘기할 수 있죠. 그런데 동시에 무노조 기업인 삼성부터 시작해서 남한 기업도 당연히 비판해야 합니다.

북조선 사람들 같은 경우에는 법적으로는 이전의 자유가 없거든요. 마음대로 거주지를 옮길 수가 없습니다. 내부 여행이 완전히 자율화되어 있지 않습니다. 일단 시장경제가 북조선에도 정착되어 가는데, 이동의 자유가 없다는 것은 시장경제에서 인민들의 활동을 어렵게 하는 부분이 있습니다. 이런 것은 인민의 시각으로 이야기해야 합니다. 이 것은 뭐라고 해야 할까, 체제에 대한 비난이 아니고, 북한에 대한 비난이 아니고, 비현실적인 요구가 아니고, 인민들의 생존권 차원에서 하는 얘기죠.

저는 북조선 체제를 친민중적이라고 보지 않습니다. 게다가 사회주의와도 무관하다고 보지만, 지금 북조선 인민 입장에서 본다면 현 체제 유지는 최선책이라고 생각합니다. 현 체제가 무너지고, 북조선이 남한 자본의 획득물, 일종의 전리품이 된다면 북조선 인민들의 처지가 더 비참해질 수밖에 없습니다. 북한의 현 정권을 좋게 볼 수는 없지만, 북조선의 현 체제가 그래도 당분간은 유지되어야 인민의 기본적인 권리를 장기적으로 챙길 수가 있을 겁니다. 민중이 이 체제에 압력을 넣어서 보다 많은 인권을 쟁취하고 보다 강력한 생존권 보장 등을 위해서 북조선 나름의 방법으로 투쟁해야 하지만, 북조선 정권이 무너지고 '흡수통일' 과 같은 악몽이 이루어진다면 그들이 무(無)권리의 유사 식민지 백성으로 전락할 위험이 큽니다. 남한 기업인들은 그들의 저임금과 무(無)권리 상태의 보존에만 관심이 있을 뿐, 인권 신장이나 생활수준 제고에 다소 무관심할 것으로 보입니다. 그러한 의미에서 현 정권의 유지와 그들을 상대로 하는 밑으로부터의 민중적인 압력 행사가 북조선 인민들에게 가장 친화적인 시나리오로 보입니다.

미국과 예수를 동일시하는 친미 엘리트들

남북관계를 풀어나가기 위해서는 어디서부터 어떻게 접근해야 한다고 보십니까?

대북관계는 우리의 운명이지 않습니까? 우리가 아무리 북한을 멸시하고 증오한다 하더라도, 계속해서 대대로 같이 공존해야 합니다. 통일을 하든 평화 공존을 장기적으로 하든, 어쨌든 아주 좁은 공간에서 함께 살아야 할 사람들이잖아요. 이명박 정권이 대북관계를 망가뜨린 것은 한국 역사에 대한 중요 범죄입니다. 말 그대로 범죄 수준입니다. 이명박 정권이 저지른 범죄가 한둘이 아니지만.(웃음)

대북관계에서는 그나마 상식이 있는 정권이 집권한다면 몇 가지 해야 할 일이 있죠. 하나는 사과해야 합니다. 지난 5년 동안의 비상식적인 일들에 대해 사과해야 합니다. 일단 김대중, 김정일의 6·15 선언이 있었는데, 이것은 국가의 신뢰 문제입니다. 국가가 보장한 문서입니다. 그 다음에 노무현과 김정일의 공동선언이 있었습니다. 그것도 국가의 위신을 걸고 만든 것이지 않습니까? 대통령이 누가 되어도 그런 문서를 휴짓조각으로 만들면 안 되거든요. 이명박이 등장하자마자 이 모든 선언서들을 사실상 휴짓조각으로 만들고, 완전히 다른 적대적인 정책으로 밀고 나갔습니다. 우리가 대북관계에 있어서 중대한 과실을 범한 이런 부분은 머리 숙여 사과해야 합니다. 사과 사절단을 보내서 미안하다고 얘기하고, 다시 한 번 신중하게 시작해야 하는데요. 햇볕정책을 계속한다고 해도 경제 이윤만 생각해서는 안 됩니다. 경제 이윤도 지금으로서는 불가피한 부분도 있지만, 그것보다는 전반적인 신뢰 구축이 중요합니다. 일단 북한 문학을 국내에서 소개하고, 예를 들어서 서울에서 노동신문이나 북한 출판물들이 가판대에서 판매되어도 큰 문제가 있겠나 싶어요. 보고 싶은 마니아들이 별로 없거든요.(웃음) 국가보안법부터 없애고, 대북 교류를 최대화시키는 것이 좋을 것 같습니다. 그들의 이데올로기를 남한에서 지지하는 사람들은 아주 극소수이기 때문에 남한 지배자로서도 두려워할 것이 하나도 없습니다. 되도록이면 비정상적인 안보 상황을 타개하도록 노력해야 할 것입니다. 북조선 같은 경우 상비군이 120만 명, 그러니까 상당수 남자가 군대에 끌려가서 10년이나 복무하는데요. 불쌍하지 않습니까? 만약 지승호 선생님이 병영에서 10년 동안 썩는다면 어떻게 하시겠습니까?(웃음)

> 노동신문이나 북한 출판물들이 가판대에서 판매되어도 큰 문제가 있겠나 싶어요 보고 싶은 마니아들이 별로 없거든요

2년 반도 힘들었습니다.(웃음)

10년이면 죽었다고 생각해야 되는 거죠.(웃음) 이렇게 비정상적인, 극도로 군사화된 상황을 풀어야 하는데, 유일하게 푸는 방법이 군축입니다. 군축하려면 서로 믿어야 합니다. 신뢰를 서로 쌓고, 조금씩 군사 긴장을 없애고, 그다음에 동반해서 군축을 하고, 그렇게 해서 방점을 평화에 찍어야 합니다. 평화라는 것이 총만 안 쏜다고 평화는 아니거든요. 우리가 상대방을 믿고, 상대방과 친선관계를 맺고, 이런 게 진정한 평화죠. 예를 들어 양쪽 군대들이 친해져서 훈련도 같이 하는, 이런 것도 상상해볼 수 있는 것이죠. 중요한 것은 단기 이윤 위주로, 경협 위주로 햇볕정책 하는 것이 아니고, 전반적인 신뢰 구축과 평화 정착, 이런 것이 중요할 것 같고요.

또 하나는 이산가족 같은 경우 지금 서신 교환의 자유도 없잖아요. 평양에 계신 늙은 어머니한테 전화 한 통 걸 수가 없거든요. 동·서독을 생각해보세요. 동독인들은 서독에 전화 걸 수 있었어요. 필요하면 서독에 사는 친척에게 가서 합치고, 거기에 그냥 영주할 수도 있었습니다. 상호 방문도 정기적으로 얼마든지 가능하고, 편지 왕래는 물론이고요. 우리는 그것마저도 불허하고 있습니다. 이것은 죽어가는 이산가족을 고문하는 일입니다. 80살이 된 노모가 서울에 와서 돌아가시든지, 구순의 노모가 평양에 사는

> 나이 드신 부모가 평양에 사는 자식한테 가서 거기에서 살다가 죽고 싶다 그것이 소원인데 국가가 막아야 합니까

아들에게 가서 그 집에서 돌아가시게끔 하는 게 남북 간의 안보가 무너지는 일입니까? 가족 결합 같은 것을 허용하는 것이 인도적인 조치가 되지 않을까 싶어요. 나이 든 분들이 몇 년 같이 살다가 죽고 싶다는 것

을 국가가 왜 막아야 하는지 이해가 되지 않습니다.

제가 보기에 국가와 개인의 관계는 인간 위주가 되어야 합니다. 그러니까 개개인의 인권 위주로 대국가 관계가 잡혀야 하는데, 남북한에서는 똑같이 개인과의 관계에서 국가 위주입니다. 국가 편리대로 하는 거죠. 그게 말이 안 되는 겁니다. 생각해 보시죠. 나이 드신 부모가 평양에 사는 자식한테 가서 거기에서 살다가 죽고 싶다, 그것이 소원인데 국가가 그것을 막아야 합니까? 인권적인 차원에서도 허용해야 하는 거죠. 안보적인 위험도 전혀 없는 사람을, 왜 그러는지 모르겠어요. 기본적 인권을 지키는 방향으로 남북한 협력을 하는 게 좋지 않나 하는 생각입니다.

양쪽이 신뢰를 구축하려면 그동안 이를테면 북한의 연평도 포격이나 이런 부분에 대해서 북한도 사과해야 할 텐데요.

그렇죠. 남한 쪽의 훈련에 자극을 받았다고 해도, 어떻게 보면 이명박의 일련의 정치적인 반북주의 조치에 자극을 받은 부분도 있었겠지만, 연평도 포격 때문에 죽은 사람들은 비정규직 노동자였습니다. 그러니까 이명박 정책에 아무런 책임도 질 것이 없는 피해자만 죽은 거죠. 북조선이 남한 정부에는 사과하지 않는다손 쳐도 그런 의미에서 이 포격으로 비명에 돌아가신 분들의 유가족에게는 당연히 사과해야 합니다. 그건 분명한 거죠.

이명박 정부 들어서 철저하게 친미적인 한미동맹을 강화시켰는데요. 남북관계와 한미관계, 어떻게 바라봐야 할까요.

그게 사실은 여러 가지 변수들과 요인들이 있습니다. 정치인 김대중에 대해서 실망이 많았지만, 한 가지 잘했던 것이 그나마 햇볕정책이었는데요. 햇볕정책에서 한 가지 부족했던 점이 남북한의 신뢰 구축 같은 것이 결국에는 어느 정도 쌓였다가 말아버린 거죠. 햇볕정책의 논리로 계속 가서 남북한 사이에서 많은 신뢰가 쌓였다면 주한미군 철수에 대한 위기감 같은 것이 좀 사라질 수가 있는 겁니다. 지금 국민투표 실시한다면 다수가 철수 반대할 수도 있는데요. 만에 하나, 북조선과 우리의 신뢰가 어느 정도 구축이 되고, 예를 들어서 몇 년을 기해서, 양쪽에서 10만 명의 군인을 동시에 축소하고, 군축을 같이 하고, 그다음에 양쪽 군대 간에 교환 가능한 것을 만들어 나가면서 장기적으로 공동의 안보가 가능할지 서로 의사 타진을 해보고, 이렇게 해서 북조선하고 서로 속을 줄 수 있는 좋은 친구가 된다면 '미군이 꼭 있어야 하나' 라는 식으로 국민적인 의식이 약화될 것입니다. 그렇게 되면 한미동맹으로부터 거리를 둘 수 있을 텐데, 햇볕정책 자체도 너무나 부족했고, 이명박 정권에 의해서 폐기처분되었으니까 이제 다시 시작하기도 어렵고, 그런 게 큰 문제입니다.

또 하나는 현재 한국사회 집권층의 수준 문제입니다. 대다수가 미국의 패권시기에 자란 사람들이고, 미국에 유학을 갔다 왔거나 자녀들을 보냈고, 미국에 부동산을 가지고 있다 보니까 미국을 상대화시키기 너무 어렵습니다. 이명박 씨와 그의 개신교 신도들의 경우, 미국과 예수를 동일시하는 약간 정신착란적인 부분이 있어서 문제입니다.(웃음) 한국 엘리트들의 수준을 보여주는 거죠. 진보진영이 대안 엘리트들을 만들고 그 힘이 커져서 대안 엘리트들이 국회에 진출해 나름의 위치를 점했다면 상황이 달라졌겠지만, 지금은 그게 어렵습니다.

이명박 씨와 그의 개신교 신도들의 경우 미국과 예수를 동일시하는 약간 정신착란적인 부분이 있습니다

결론적으로, 대북관계에서의 신뢰 관계 구축이 필요하고, 그다음에는 친미 엘리트 문제를 내부적으로 어떻게 해결해야 할지 생각해봐야 하는 것이고요. 한미군사동맹으로부터 어느 정도 자율성을 얻지 않으면 당장 문제는 없어도 장기적으로 봤을 때 한국이 굉장히 불편한 상황에 처할 가능성도 없지 않아 보입니다.

미국 패권의 미래

미국의 헤게모니가 많이 없어질 거라는 여러 예측이 아직까진 맞지 않는 것 같습니다.

그렇게 되어가고 있다는 거죠. 지금 당장은 아니죠. 헤게모니라는 것이 그렇게 간단하게 없어질 수 있는 것이 아니지 않습니까? 장기적인 현상이죠.

다른 나라가 미국과 경쟁할 수 있는 구조가 10~20년 안에 오리라고 보십니까?

미국이 당장 폭발되거나 무력화되지는 않을 겁니다. 세계에서 가장 강력한 국민국가인데, 갑자기 약체화된다고 하더라도 남은 영향력만 가지고도 아주 강력한 국가로 남아 있을 겁니다. 다만, 몇 가지 경향들이 있는 거죠. 한 가지 경향이 뭐냐 하면 미국발 신자유주의가 더 이상 세계에서 잘 먹혀들지 않는다는 겁니다. 지금 그나마 성장하는 나라가 중국인데요. 중국이 성장할 수 있는 여러 가지 이유가 있지만, 그 중 하나는 신자유주의의 일부 원칙을 절대 받아들이지 않았기 때문입니다. 예를 들어, 중국에는 외화 시장이 없거든요. 그러니까 금융규제를 풀어주지도 않았고, 외화를 시장화시키지 않았다는 거죠. 중국화, 인민폐의 환율을 국가가 조절하고 있기 때문에 투기할 수가 없습니다. 주식시장에 대해서는 나름대로 터프하게 국가가 주도하면서 검토를 하고 있고요. 관제금융이 지금도 남아 있고, 산업 부문이라든가 특히나 생산 부문에 대한 국가의 금융정책이 계속 추진되어 가고 있는데요. 요즘은 나름대로 복지정책도 확대되는 것 같습니다. 그러니까 신자유주의자들이 하지 말라는 일들을 중국이 해 온 겁니다. 그 결과 그나마 발전이라도 한 거거든요.

> 신자유주의자들이 하지 말라는 일들을 중국이 해 온 겁니다 그 결과 그나마 발전이라도 한 거거든요

　신자유주의를 그대로 받아들인 쪽, 그리스를 보시죠. 신자유주의적인 유럽연합에 편입이 되어 거기서 주변부로 편입되어가는 과정에서, 레벨이 맞지도 않았고, 자국의 산업 생산을 희생시켜야 했으며, 독일 제

품들을 거의 무관세로 받아들이는 등, 상황이 이렇다 보니 국채를 엄청나게 늘릴 수밖에 없었죠. 국채 밑에서 경제가 휘청거리다 보니까, IMF와 유럽연합이 요구한 모든 신자유주의적인 조치들을 취할 수밖에 없었습니다. 공무원 월급을 삭감했고, 복지제도를 개악시켰고, 그들이 요구하는 대로 다 했어요. 작년 같은 경우 마이너스 5퍼센트 성장을 했는데, 그것이 그 결과입니다. 그러니까 미국식 신자유주의 정책을 취한 국가들 같은 경우에는 망가지는 반면, 그렇지 않은 국가들이 세계체제에서는 자기 위상을 높여갈 수가 있었던 거죠. 그만큼 미국발 신자유주의가 요즘 힘이 빠져가는 것이 사실입니다. 경제적으로는 아무래도 유럽권과 동아시아권이 많은 면에서 미국을 압박하고, 능가할 수 있는 부분들이 적지 않을 겁니다.

그렇지만 미국 헤게모니의 핵심은 경제뿐 아니라 군사이기도 한데, 이게 그렇게 간단하지가 않습니다. 일단은 군사도 돈인데, 미국의 군비는 전 세계 군비의 45퍼센트 이상이니까 이 세계 어느 군대도 쉽게 따라잡을 수 있는 수준이 아닙니다. 최근에는 일련의 군사적 패배를 당해온 것이 사실이죠. 가장 잘 알려진 것이 이라크 침략의 패배인데, 이것은 아주 깨끗한 패배였습니다. 기지 하나 남기지 못하고 완전히 물러가야 했어요. 이라크는 지금 주권이 회복됐고, 미국과 이란 사이에서 왔다갔다하고 있지만, 친이란 국가 쪽으로 발전될 것 같기도 합니다. 깨끗하게 패배한 거죠. 아프가니스탄에서도 패배를 향해서 치닫고 있는 것 같고요. 이런 일련의 패

군사예산이 삭감된다고 하더라도 미국의 군사적 우위는 앞으로도 상당기간 독보적이지 않을까요

배를 경험한 것은 사실입니다. 현재는 중동에서의 침략의 수준을 낮추고, 중국 포위 정책의 일환으로 호주와 군사협력을 강화하겠다고 하지만, 그것도 실효성이 미지수입니다. 미국 경제위기가 심화되면서 군사 예산이 삭감된다고 하더라도 미국의 군사적 우위는 앞으로도 상당기간 독보적이지 않을까 싶습니다. 그러니까 미국패권이 조금씩 흐트러지고 와해되어 간다고 하더라도 경제 패권, 군사 패권은 따로따로 움직일 것 같습니다. 경제 패권이 더욱 빨리 와해될 것으로 보이고, 군사 패권 같은 경우 마지막 보루로서의 역할을 할 것 같습니다.

> 미국의 패권이 유지되는 데는 달러화가 국제통화였기 때문이기도 했을 텐데요. 그런 부분에 대해서도 유럽연합은 유로화를 쓴다든지, 무역에 있어서 달러 이외의 다른 화폐를 사용하는 나라들도 생기는 것 같은데요.

여태까지 달러화를 많이 써온 이유는 미국이 강한 국가라기보다는 '미국의 인플레는 일단은 어느 정도 통제되어 있다, 그러니까 달러화가 안전하다'는 인식이 있어왔기 때문입니다. 문제는 뭐냐 하면, 미국이 지금 엄청난 국채를 안고 있다는 것이죠. 그런데다가 장기적인 침체에 빠진 경제 문제를 잘 해결하지 못하고 있습니다. 국채 문제를 해결할 수 있는 방법 중 하나는 달러화 가치 절하죠. 달러화 가치가 떨어져 버리면 빚 환산하기가 쉬워집니다. 어차피 달러로 되어 있는 빚이다 보니까요. 달러화 가치가 많이 떨어져 버리면 사실은 미국 수출 기업에 좋은 겁니다.

장기적 침체의 영향으로 달러화 가치가 점진적으로 떨어질 수가 있는데, 이와 같은 경우에 달러화로부터의 도피 같은 것도 이루어질 가능성이 없지 않습니다.

희대의 기록에 도전하다

그럴수록 더 전쟁에 집착하게 되지 않을까요? 이라크 전쟁처럼?

미국이 이라크에서 저지른 것은 제노사이드죠. 통계가 없어서 정확히는 모르겠지만, 미군 침략 과정에서의 폭격, 포격, 총난사, 전투, 식량부족으로 인한 영양실조, 유행병 등등으로 인해 비정상적으로 죽은 이라크 사람의 수는 60만 명에서 100만 명 정도로 추산되거든요. 전쟁 범죄 중에서도 굉장히 무거운 범죄에 해당합니다. 이 정도면 미국의 지도부가 줄줄이 포승줄에 묶여서 전부 국제재판소에 세워져야 합니다. 부시 대통령부터 오바마까지 전부 범죄인 취급을 받아야 되는데요. 그게 가능하겠습니까?

나치 정권에서 일했던 핵심적인 사람들이 전쟁에서 지고 나서 전범으로 재판을 받지 않았습니까? 미국의 힘이 약해지면 나중에 국제 재판을 받을 가능성도 있지 않을까요?

그 정도로 갑자기 약화되지는 않겠지만, 제가 보기에는 미국의 역대 대통령 중에 범죄자가 아닌 사람이 한 명도 없습니다. 대외 침략을 안 한 대통령이 없습니다. 부시야 범죄자 중에서도 악질 범죄자고, 말 그대로 도조 히데키나 히틀러의 하수인처럼 사형받아야 할 사람입니다. 저는 사형 반대론자이지만, 부시 정도면, 아무래도 이 정도 많은 민간인을 죽인 사람은 도조 히데키나 히틀러의 하수인들과 같은 운명에 처해야 할 것 같아요. 부시는 그렇다고 치고, 아프간에서 계속해서 무인 폭격기로 사람 죽이는 오바마도 그렇고, 소말리아 침략이나 세르비아 침략을 감행한 클린턴도 그렇고, 걸프 전쟁에서 수만 명의 저항하지도 못하는 이라크군을 폭격해서 죽인 아버지 부시도 그렇고, 그라나다 침략을 한 레이건도 그렇고, 하나하나 보면 미국 대통령 중에 범죄자가 아닌 사람이 없는 것 같아요.

역사상 200번 이상의 침략을 했다고 하니까요.

그런 침략사를 자랑하는 나라도 없지만, 정말 희대의 기록을 세운 나라입니다.

미국의 신자유주의나 자본주의를 지탱해온 가장 큰 요인 중 하나가 군산복합체라는 건데요. 미국이라는 나라가 있는 한, 전 세계는 어디에선가 전쟁을 해야 하는 건가요?

견제할 수 있는 힘들이 어느 정도 형성되면 조금 눈치를 보긴 하겠죠. 예를 들어, 지금은 북조선을 침범하지 못하고, 교섭도 하고, 나름의 타협도 하는 것을 보면 일단 북조선 뒤에 있는 중국의 눈치를 어느 정도 봐가면서 앞가림을 조심스럽게 하는 건데요. 중동 같은 경우에는 미국을 견제할만한 중국과 같은 대국이 없어요. 이란이 나중에 그렇게 될

남미는 좌파 정권들이 뿌리를 잘 내리는 덕분에 미국이 범죄를 저지를 여지가 많이 줄어들었습니다

지는 모르지만, 그렇게 되기 전에 이란을 약체화시키기 위한 온갖 책동을 다하고 있습니다. 극동에서의 중국, 남아시아에서의 인도, 이런 주요 대국들이 있어서 미국의 범죄적 행동이 어느 정도 적당히 견제되기도 하는데요. 남미의 경우는 최근에 좌파 정권들이 뿌리를 잘 내리는 덕분에 미국이 범죄를 저지를 여지가 많이 줄어들었습니다. 브라질의 좌파 정권은 오래갈 것 같고요. 아르헨티나도 중도 좌파 정권이고, 특히나 베네수엘라를 중심으로 혁명권이 어느 정도 형성이 되어서 미국이 국제 범죄를 저지를 가능성이 줄어들었어요.

예전에는 중남미에 직접 군사적 개입을 하거나, 친미정권이나 반군에게 군수물자를 제공해서 중남미의 좌파 정권을 무너뜨린 경우가 많은데. 지금은 그럴 분위기가 아니라 손을 못 쓰고 있는 건가요?

한번 보시죠. 엘살바도르나 니카라과에서 집권한 좌파는 80년대 미국하

고 싸웠던 좌파 빨치산이나 혁명 세력들입니다. 거기에 더 이상 개입할 수 없는 이유 중 하나는 베네수엘라가 그들을 지원하고 있고, 그 옆에는 에콰도르라든가 볼리비아 같은 나라들이 있는데, 그 나라들과의 정면충돌은 미국으로서는 아직은 힘든 상황인 거죠. 베네수엘라의 혁명이 니카라과나 엘살바도르의 좌파한테 숨 돌릴 여지를 제공한 것이고, 쿠바한테도 숨 돌릴 여지를 많이 제공했습니다. 그렇게 해서 중남미 좌파는 서로 살리고 있습니다.

남미에 미국의 완전한 괴뢰정권이라고 할 수 있는 나라는 한군데밖에 없습니다. 콜롬비아죠. 가장 생활수준이 낮고, 내전이 치열한 나라입니다. 나머지 국가들의 대미 종속성은 대단히 많이 약화됐습니다. 콜롬비아 같은 경우는 어느 쪽도 이길 수 없는 내전 상태에 빠져버렸습니다. 미국의 지원이 없었다면 빨치산이 이미 집권했을 겁니다. 니카라과처럼 혁명적 좌파정권이 만들어졌을 것인데요. 미국의 지원이 워낙 많은데다 집중적이어서 좌파가 이길 수가 없습니다. 그렇다고 좌파가 질 수도 없어요. 왜냐하면 내륙지방에서는 빈농들이 좌파 빨치산들을 지지하기 때문이죠. 그런 정황 때문에 정부군도 빨치산도 소모전에 계속 휘말려 있는 거예요. 미국이 보다 더 약화되어 지원이 끊겨야 우파 정권이 교섭을 통해서라도 좌파와 어느 정도 비폭력적인 정치적인 공존을 모색할지 모르죠. 그러나 미국이 계속 집중 지원하는 이상은 어렵습니다.

> 남미에 미국의 괴뢰정권은 한군데밖에 없습니다 콜롬비아죠 가장 생활수준이 낮고 내전이 치열한 나라입니다

중국과 미국에 대한 이중거래

중국과의 무역량이 미국과의 무역량을 넘어섰습니다. 앞으로 중
화경제권에 속하게 될 거라는 예측도 하고 계신 것 같은데요.

장기적으로 봤을 때는 산업 구조상 중국과 분업 구조가 이루어질 수밖
에 없습니다. 우리는 사실 이율배반적인 위치에 있습니다. 경제적으로
봐서는 중국하고 노동분담을 하고 있는 것이죠. 일부의 부품을 중국에
서 만들어서 한국에서 조립하는 경우가 있는가 하면, 한국의 정밀 기계
가 중국에 수출되어 생산현장에 투입되기도 하는 등 중국의 공업화를

**대북 교역을
제일 잘하는 것이
중국인데 사실은
고마운 거죠
북조선 인민들을
살려주는
거니까요**

촉진시키는 부분이 있습니다. 상당수의 한국 재벌들
이 최종 생산까지 중국에 맡기고 있습니다. 나름대로
잘 짜여진 분업 구조와 경제적인 연결이라든가 정치
적으로 북조선이 계속 생존하고 나름 우리와 평화적
으로 공존하는 데에는 중국이 보장해주는 것이 적지
않습니다. 중국이 있으니까 미국이 북조선을 쉽게 공
격할 수 없고, 북조선에서는 대남 공격에 대한 생각이 있을 수 있어도
중국과 공식적으로 동맹국이다 보니 대대적인 도발이 불가능할 수도
있는 것이죠. 중국 덕분에 그나마 한반도에서 남북한 나름의 공존 구조
가 어느 정도 신뢰할 수 있는 수준에 올라와 있는 것입니다. 북조선 경
제를 활성화시키는 것도 중국의 투자라든가 중국과의 교육이다 보니,
사실 북조선 사람을 생각하면 – 위험한 부분도 있지만 – 중국에 고마

위해야 하지 않을까 생각합니다. 지금 미국도 일본도 대북 교역을 하지 않고, 우리는 해도 한계가 많고, 유럽이라든가 러시아는 관심도 없을뿐더러, 투자 자금도 적어 현실적으로 불가능합니다. 대북 교역을 제일 잘하는 것이 중국인데, 사실은 고마운 거죠. 북조선 인민들을 살려주는 거니까요.

안보 차원에서 한·미·일 블록 안에 있다는 것은 어떻게 보면 이율배반이죠. 미국과 중국의 모순 관계가 극복되지 않은 상태에서는 그냥 그대로 갈 수 있습니다. 문제는 무엇인가 하면 미국과 중국 사이의 모순이 언젠가 – 당장은 아니겠지만 – 커질 수가 있는데, 남한으로서는 굉장히 곤란한 상황이 될 것입니다. 지금은 아니더라도 10년, 15년, 20년 그 정도 장기적 변화를 생각한다면, 결국 모순 관계가 첨예화될 수도 있죠. 이런 이율배반적인 관계에서 어떻게 벗어날 수 있을까요? 지금으로서는 비현실적으로 들리지만, 예를 들어 한국이 영세 중립이라도 가능할지, 또는 미국 중심의 군사 블록으로부터 그래도 어떻게 거리를 둘 수 있을 것인지, 북조선과의 공동 군축, 장기적으로는 공동 안보의 구상이 가능할지, 여러 가지로 상상해봐야 하지 않을까 싶습니다. 왜냐하면 아까 말씀드린 것처럼 중국과 미국의 관계가 나빠질 경우에는 우리로서는 아주 곤란한 상황에 직면할 것이기 때문입니다.

통일을 위한 좌파의 역할

통일을 하는 데 있어서 좌파는 어떤 역할을 해야 한다고 생각하 십니까?

두 가지가 아닌가 싶습니다. 대북 적대정책을 철회하게끔 여론을 만들 어나가야 합니다. 북조선 사회가 어떤 사회든 간에, 적대정책은 백해무 익합니다. 북조선과 대립해봐야 그쪽 보수적 관료들의 영향력만 강화되 는 것이고, 오히려 개방화 움직이라든가 이런 것이 원천봉쇄될 뿐입니 다. 그러니까 대북 적대정책의 완전한 철회와 대북 교류의 극대화를 위 해서는 반드시 싸워야 하고, 그다음에 양쪽 신뢰의 구축을 위해서 싸워 야 하고요. 서로 잘 알고, 가까워지고, 교류가 많아져 신뢰가 구축되고, 그래야 한반도가 비폭력화될 수 있습니다. 동시에 좌파인 이상 북조선 사회에 대한 비판적인 분석을 제시해야 합니다. 그건 적대성을 의미하 지는 않아요. 우리가 북조선 인민을 적대할 일도 없고요. 북조선의 지금 정권 형태도 어쩔 수 없는 역사적 과정의 산물이라고 인정하고 있지만, 어쨌든 민중의 입장에 서서 지금 북조선의 통치 형태라든가, 사상 형태 등등을 비판할 의무를 가지고 있습니다. 그건 어떤 적대성을 의미하지 는 않습니다. 전혀 다른 거죠.

그리고 저는 북조선의 돌연한 붕괴의 가능성을 별로 믿지 않지만, 혹 시나 그런 일이 일어난다면, 좌파는 북조선 인민들의 인권과 생존권을 위한 투쟁에 대비해야 할 것입니다. 북조선이 아무런 준비도 없이 남한과 합친다면 이는 무엇보다 북조선 인민들의 저임금, 무(無)권리 노동력으로의 전락을 의미할 수 있는 것이고, 남한 국가와 자본가들을 상대로 할 그들의 투쟁을 지원하는 것은 남한 좌파의 역할이 될 것입니다.

박노자와 불편한 진실

며칠 전 트위터에는 어느 고층 아파트에서 배달원에게 엘리베이터를 이용하지 못하게 결의했다는 글이 올라왔습니다. 곧이어 다른 어느 아파트에서는 청소 노동자와 경비 아저씨가 추운 겨울날 따뜻한 물을 쓰지 못하게 한다는 글이 올라왔습니다. 많은 사람들이 분개했지만, 그 사람들이라고 해서 뿔 달린 괴물들은 아닐 것입니다. 아마 그분들은 비난하는 사람들을 위선자라고 말하면서 '그 돈 당신들이 내줄 거야?'라고 반문할지도 모르겠습니다. 과문한 저는 이런 것이 자본주의의 문제라는 생각이 듭니다.

마르크스는 돈과의 관계를 약화시키는 한이 있더라도 타인과의 인간적 관계를 복원해야 한다고 역설한 바 있습니다. 자본주의는 사람과 사람 사이의 관계를 멀게 만들고, 인간보다는 돈을 우선 생각하게 만드는 것 같습니다.

철학자 강신주 선생의 말대로 사람들은 자본주의적 삶이 너무나 친숙하고 평범해서 우리 삶이 얼마나 자본주의에 길들어 있고, 그로부터 상처받는지 깨닫지 못하는 것 같습니다. 강신주 선생은 "우리 욕망이 치열해질수록, 자본은 더욱 강해질 테고 우리 삶은 점차 병들어가겠지요.

자본이 남긴 뿌리 깊은 상처를 근본적으로 치유하려면 우리는 과연 어떻게 해야 할까요? 가장 시급한 것은 우리가 상처받고 병들어 있다는 사실에 직면할 용기를 갖추는 일이 아닐까요? 숨겨진 상처를 상처 그대로 직시할 수 있을 때, 비로소 우리에게도 치유의 희망이 피어나리라 믿습니다"라고 얘기합니다.

자본에 상처받은 우리에게 박노자 교수는 소금을 뿌려대는 것 같습니다. 따가우니까 우선 반감이 듭니다.

언론인 고종석 선생은 박노자 교수의 진보신당 대표 출마에 대해 한겨레신문에 기고한 '박노자 생각'이라는 글을 통해 지지 선언을 한 바 있습니다.

'박노자 교수는 한국 사회의 부정의와 세계의 비참을 진실로 가슴 아파하며 그 해결을 모색하는 윤리적 인간'이며 '대한민국 국회에서 이런 윤리인을 볼 수 있다면, 그것은 한국인 모두에게 좋은 일'일 것이란 얘기입니다.

하지만 고종석 선생은 그 글의 앞부분에서는 "요즘 박 교수의 글을 읽노라면 마음이 좀 불편하다. 비록 자본주의가 많이 망가져 있기는 하나 그것을 잘 수리해서 쓰면 되겠거니 생각하는 보수주의자에게, 자본주의 자체를 근본적 악으로 여기고 그 이후를 도모하는 그의 견해는 너무 까칠까칠해 보인다. 심지어 위험해 보이기도 한다"는 지적을 한 바 있습니다.

확실히 박노자 교수의 최근 주장들은 우리들을 불편하게 합니다. 아니 《당신들의 대한민국》으로 각광(?)을 받기 시작한 시절부터 그랬습니다. 그런 우리에게 그는 자신이 래디컬해진 것이 아니라 한국사회가 너무나 보수화된 거라는 대답을 돌려줍니다.

'공산주의가 망한 러시아에서 와서 웬 시대착오적 얘기냐. 소련으로 가라'고 하는 보수주의자들은 물론이거니와 자신이 진보적 성향이라고 말하는 사람들조차 '박노자의 의견은 너무 래디컬해서 싫다. 듣다 보면 기분이 나쁘다'라고 얘기합니다. 그의 말을 듣다 보면 대한민국에서 산다는 것이 싫어질 정도라는 거죠.

좌파를 무색하게 하는 우파인 고종석 선생조차 조금 전에 언급한 '박노자 생각'이라는 글에서 '자본주의를 때려 부수는 과정에서 생길 부작용이 자본주의 자체의 부작용보다 크리라는 판단'을 한다면서 '그 부작용을 지난 세기 70년 동안 이미 목격한 바 있다'는 우려를 나타냅니다. '박 교수의 도저한 국제주의도, 지금의 국민국가 체제를 하릴없이 받아들이고 있는 나로서는 감당하기 벅차다'고 덧붙여 말하고요.

그런데 박노자 교수는 그런 주장을 멈출 생각이 없나 봅니다. 사람들을 일상적으로 억압하는 것은 물론, 노동자들을 탄압해서 자살하게 만들고, 전쟁을 일으키는 자본주의에 근본적으로 맞서기 위해서는 혁명이 필요하다고 얘기합니다.

'모든 폭력의 근본인 자본주의 국가를 철폐하는 길에, 가끔가다 그런 대응적인, 방어적인, 밑으로부터의 폭력이 생길 때 그런 폭력을 아프게 생각할 수는 있어도 그것은 어디까지나 대응이니까, 일방적으로 비난만 하긴 어렵다고 봅니다' 라는 얘기지요.

그는 "할 게 공부밖에 더 있냐"면서 치통도 글읽기와 글쓰기로 극복합니다. 이 공부벌레는 러시아에서 태어나 대한민국으로 건너와 귀화를 했고, 오슬로에서 10년 넘게 학생들을 가르치고 있는 세계시민이기도 합니다. 그래서 그는 '만국의 노동자여 단결하라' 는 단순한 구호를 외치는 것이 아니라 세계 곳곳에서 벌어지는 정치 상황과 좌파 운동을 꿰고 있으면서 '일국 사회주의가 아니라 전 세계적인 노동자의 연대의 필요성' 을 강조하면서 자본주의 이후의 새로운 사회를 생각해야 한다고 말합니다.

이런 박노자 교수의 얘기를 듣고 있노라면 개그콘서트의 인기 코너인 '불편한 진실' 이라는 단어가 떠오릅니다. 맞는 말인 것 같은데 불편합니다. 아마도 새로운 사회에 대한 믿음이 부족하고, 그 과정에서 발생할 수 있는 희생이나 혼란을 어떻게 감당할까 두려워서겠지요.

박노자 교수는 왜 가난한 사람들이 보수 정당을 찍는지, 한국 좌파 정치가 부진한 이유는 뭔지, 해외 좌파들의 흐름은 어떤지, 왜 진보신당 비례대표로 출마했는지, 북한과 미국과의 관계는 어떻게 설정해야 하는지 등등에 대해 막힘없이 이야기합니다.

이택광 경희대 교수는 '상식은 그 자체로 급진적이거나 정치적이지 않지만, 한국처럼 상식이 확립되지 않은 사회에선 그 상식을 지키라고 요구하는 것은 대단히 정치적인 기획이 된다. 한국적 맥락에서 진중권의 자유주의가 작동하는 방식은 박노자, 김규항의 사회주의보다 급진적일 수 있다는 얘기다' 라고 얘기한 바 있습니다.

일면 수긍이 갑니다. 일단 상식으로 돌아가는 것이 급선무일 수 있으니까요.

다만 체 게바라의 다음과 같은 얘기에도 고개를 끄덕이게 됩니다. '우리는 줄곧 우리가 절충적 인간이라 부르는 사람들을 통해 새로운 사회가 건설되기를 바라왔다. 자본가들의 시대를 대표하는 구시대인을 다른 유형의 인간으로 만들어 내는 것, 적어도 자신의 동료들을 착취하려는 욕구를 갖지 않는 인간들이 건설하는 사회를 원했던 것이다. 왜냐하면 늘 이윤을 행복의 잣대로 삼으려는 이들에게는 사악함이 따르게 마련이기 때문이다'

박노자 교수는 그런 절충주의로는 새로운 사회가 올 수 없다고 말하는 것 같습니다. 지금으로서는 자본주의를 넘어서려는 그의 상상력에 박수를 쳐주고 싶습니다.

노자라는 이름을 가진 유명한 사람이 참 많습니다. 최근에는 '제국 통치의 정치철학'으로 평가되기도 하지만, 생태철학적 통찰력을 지닌 무위자연의 사상가로 알려진 동양의 철학자 노자가 있고, 자유주의 사상으로 유대교에서 파문당해 평생 안경알을 닦으며 살았지만, 후대 철학자들에게 엄청난 영향을 줬던 서양(네덜란드)의 철학자 스피노자(아, 이건 그 노자가 아닌가요?)가 있습니다. 우리 박노자 교수도 언젠가는 그만한 사상체계를 완성해줬으면 하는 기대를 합니다. 아직 젊고 워낙 공부를 열심히 하니 그럴 가능성이 없다고 볼 순 없겠지요. 박노자 교수의 앞날에 행운이 있기를 빕니다.

박노자 교수가 오슬로에 있는 관계로 인터뷰는 꾸리에 출판사 사무실에서 네 차례에 걸쳐 Skype 프로그램을 통해 장시간의 영상 인터뷰로 이루어졌습니다. 세상 참 좋아졌습니다. 마지막으로 진행했던 두 번의 보충 인터뷰는 진보신당 비례대표에 출마한다는 소식이 나간 후 밀려드는 인터뷰 요청과 박노자 교수의 감기 몸살로 인해 이메일 인터뷰로 대체되었습니다.

한국 진보진영을 가장 염려했던 지식인 중 하나인 박노자 교수는 시종일관 자신이 한국의 진보진영을 위해 해준 것이 없다는 부채 의식을 드러냈습니다. 진보신당 홍세화 대표의 간곡한 요청을 받아들인 이번 출마 역시 다른 비정규직 노동자의 국회 진출을 돕기 위한 것이라고 거듭 말했습니다.

'세계의 비참을 가슴 아파하고, 다른 사람의 고통을 자신의 고통으로 느끼는 윤리적 인간' 인 박노자 교수는 다른 사람에 대한 비판으로 비칠 수 있는 말들에 대해서는 주춤거리곤 했습니다. 그러나 자본주의의 전망을 얘기할 때는 청산유수로 우리가 자본주의를 극복하지 않으면 안 되는 이유를 설명했습니다. 자본주의가 한계에 봉착했음을 말하는 그의 목소리는 오히려 희망에 차 있었습니다. 그만큼 세계 곳곳의 상황이 비참한 탓이겠지요.

'이런 얘기까지 해도 되나?' 하는 불안감과 동시에(지금은 MB 시대입니다. 민주주의적인 가치를 마구 부수는) 어떤 질문에도 막힘없이 지구촌 곳곳의 현재의 사례뿐만 아니라 과거 역사 속에서의 사례를 들어 명쾌하게 설명하는 박노자 교수의 얘기를 들으면서 흐뭇해지기도 했습니다.

우리에게 박노자가 있어 다행이라는 생각도 했습니다. 덩치에 어울리지 않는 얇은 목소리를 들으며 속으로 웃으면서 불경스럽게(?) 귀엽다는 생각도 했습니다.

대통령이 누가 되더라도 민중의 삶에는 큰 차이가 없다고 말하는 박노자에 대해 예전 같으면 많은 불편함을 가졌을 것 같습니다. 그러나 여러 명의 대통령에 대한 그의 이야기를 듣고 보면 '아, 그렇구나' 하는 생각을 새삼 하게 됩니다. 이것도 이명박 정권이 가져다준 축복(?)일지도 모르겠습니다. 우리가 처한 상황을 철저하게 인식하게 해줬으니까요.

우리는 너무나 자연스럽게 나보다 국가를 절대 우위에 둡니다. 박노자 교수는 '그들에게 국민은 없다'고 말한 노엄 촘스키보다 더 직설적으로 '당신을 위한 국가는 없다'며 국가에 대한 의심을 해보라는 얘기를 합니다. 예전에 '인권은 교문 앞에서 멈춘다'는 얘기가 있었던 것처럼 한국 좌파의 사유는 국가 앞에서 멈추는 경우가 많았습니다. 하지만 그는 오히려 주변의 사람들, 외국 국적자라도 우리와 같은 처지의 사람들에게 눈을 돌리라고 당부합니다. 그것만이 우리를 이 참혹한 상황에서 구원을 해줄 수 있을 것이라면서요.

이 책을 읽으신 분들은 박노자 교수가 대한민국만의 나쁜 점을 지적하고 서양의 좋은 점만을 부각시키는 게 아니란 걸 아실 것입니다. 저역시 막연하게 생각한 복지 천국 북유럽에서 극우적인 정당의 지지율이 20~30퍼센트 정도가 나오는 경우가 있다는 얘기를 듣고 깜짝 놀랐습니다. 그는 노르웨이를 비롯한 복지 천국 북유럽의 모순을 신랄하게 지적

합니다. 70여 명의 아이들을 학살한 블레이비크 사건이 결코 우연이 아니란 게지요.

북유럽의 가난한 사람들의 극우 정당 지지를 보면서 힘없고 가난한 사람들이 새누리당을 지지하는 모순을 이해할 단초도 발견할 수 있었습니다. 자유주의 개혁 정당의 신자유주의적인 정책으로 고통 받은 서민들이 더 왼쪽으로 가지 않고 힘이 있어 보이는 오른쪽으로 간 탓이겠지요. 그런 북유럽의 상황은 한국의 진보주의자들에게 많은 생각거리를 던져줍니다. 우리에게 박노자가 소중하다는 생각이 새삼 느껴졌습니다.

강신주 선생은 《철학이 필요한 시간》에서 직접 민주주의에 대해 아주 쉽게 설명합니다. 10명의 구성원이 중국 음식점에서 식사를 배달하려고 할 때 4명이 짜장면, 3명이 짬뽕, 2명이 볶음밥, 1명이 우동을 시켰을 때 최고 연장자가 짬뽕을 좋아해서 짬뽕 10그릇으로 통일하는 것이 독재정치, 다수결의 원칙에 따라 투표를 해서 6표가 나온 짜장면을 시켜 먹는 것이 대의민주주의 정치라는 것입니다.

정도 차이는 있지만, 둘 다 진짜 민주주의, 즉 자신이 먹고 싶은 것을 먹을 수 있는 것과는 거리가 멀죠. 전자의 경우 잘못된 방식인 것을 쉽게 알 수 있지만, 후자의 경우 절차적인 민주주의를 거쳤으니 민주주의라고 착각하기가 쉽습니다. 그래서 박노자 교수는 투표를 통해 진정한 민주주의가 이루어질 것이라는 환상을 버리라고 얘기하나 봅니다.

전자의 경우에 '나는 볶음밥을 먹고 싶어요' 라고 저항(?) 할 경우 탄압을 받을지언정 사람들은 일리가 있다고 속으로 생각할 겁니다. 그렇지만 후자의 경우에 '나는 볶음밥을 먹고 싶어요' 하는 순간 '아니 이미 합법적인 절차를 거쳐서 결정된 것에 왜 반기를 들지? 까탈스러운 놈 아냐. 우리가 이렇게 우리 힘으로 메뉴를 결정하게 된 게 어딘데 더 욕심을 내'라고 매도되기 십상입니다.

직접민주주의란 어쩌면 간단한 걸지도 모릅니다. 우리가 먹고 싶은 것을 먹고 싶다고 말하는 것, 그것이 가능한지 서로 의논해보는 과정을 거치는 동안 소수의 의견을 말살하지 않고 차분하게 들어주는 것, 그게 우리에게 왜 그렇게 어려웠는지 모르겠습니다. 박노자의 주장은 과격한 것 같아도 그런 것이 가능하다는 상상을 한번 해보자는 것입니다. 우리가 젊었을 때 가진 생각을 쉽게 포기하지 말자고 그는 제안합니다.

세상의 모든 소외당하는 사람들의 고통이 해소될 수 있는 그런 세상이 오길 꿈꿔봅니다.

(뱀발) 김어준의 《닥치고 정치》를 읽고 정치에 관심을 가지신 분들께서 이 책을 읽고 진짜 민주주의가 무엇인지 같이 조금 더 고민해주셨으면 하는 바람입니다.

2012년 3월 26일

아직도 많은 것이 궁금한 남자 지승호가